Tilo Benner

105 Spiele zur Förderung der Soft Skills

Kooperation und Teambildung
5.–10. Klasse

Mit Kopiervorlagen

Persen

Der Autor:

Tilo Benner – geboren 1969, gelernter evangelischer Pfarrer, Tätigkeit als Referent in den Bereichen Gewaltprävention und soziales Lernen sowie als pädagogischer Mitarbeiter in Sozialen Trainingskursen für straffällige Jugendliche.

Hauptamtlich arbeitet er als Lehrer für Erziehungshilfe an der Schule für Erziehungshilfe des Lahn-Dill-Kreises sowie als Religions- und Lateinlehrer am Johanneum-Gymnasium in Herborn. Im Rahmen seiner Beratungstätigkeit führt er Mediationsgespräche und Gewaltpräventionsprojekte durch und bildet auch Schüler zu Peer-Mediatoren aus.

E-Mail-Adresse: **Cool-bleiben-statt-zuschlagen@gmx.de**

Gedruckt auf umweltbewusst gefertigtem, chlorfrei gebleichtem und alterungsbeständigem Papier

1. Auflage 2011
© Persen Verlag, Buxtehude
AAP Lehrerfachverlage GmbH

2. Auflage 2011
© Persen Verlag
AAP Lehrerfachverlage GmbH

Illustrationen: Claudia Hauboldt
Satz: Satzpunkt Ursula Ewert GmbH, Bayreuth

ISBN 978-3-8344-**3263**-6

www.persen.de

Inhalt

Gewidmet
meiner Frau **Katharina**,
mit der ich schon lange ein bewährtes Team bilde.

Zwei sind allemal besser dran als einer allein.
Wenn zwei zusammenarbeiten, bringen sie es eher zu etwas.
Wenn zwei unterwegs sind und hinfallen,
dann helfen sie einander wieder auf die Beine.
Aber wer allein geht und hinfällt, ist übel dran, weil niemand ihm helfen kann.
Ein einzelner Mensch kann leicht überwältigt werden,
aber zwei wehren den Überfall ab.
Noch besser sind drei; es heißt ja:
„Ein Seil aus drei Schnüren reißt nicht so schnell."

(Aus dem biblischen Buch Kohelet)

Vorwort

Meine verschiedenen beruflichen Arbeitsfelder (die Sozialen Trainingskurse, die Gewaltpräventionsprojekte und die Arbeitsgemeinschaften „Schüler übernehmen Verantwortung – Mediation" sowie der ganz normale Unterricht in den Sekundarstufen I und II) haben in pädagogischer Hinsicht eine wichtige gemeinsame Aufgabe: aus einer zufälligen Ansammlung verschiedenster Typen und Charaktere ein Team zu formen und eine Gemeinschaft zu schaffen, die sich mit Respekt gegenseitig unterstützt, sich in enger Zusammenarbeit Herausforderungen stellt und gemeinsam Lösungen für gegenwärtige Probleme und Aufgaben sucht.

Auch wenn bei dieser Aufgabe vordergründig der interne Gruppenprozess im Fokus steht, geht es um weit mehr. Denn jeder Teilnehmer soll individuell in emotionaler und sozialer Hinsicht gefördert werden und Kompetenzen erlangen, die ihm in Zukunft auch in anderen Beziehungsfeldern einen adäquaten Umgang mit anderen Menschen ermöglichen. Mithilfe von Kooperationsübungen bzw. kooperativen Spielen sollen in einem geschützten Raum diese Soft Skills eingeübt werden, die in Schule, Berufswelt und Gesellschaft von Bedeutung sind.

Das Ergebnis meiner Bemühungen liegt nun in dieser Spielesammlung vor, welche viele neue kooperative Spiele, aber auch einige bewährte Klassiker enthält. Die meisten Spiele sind so angelegt, dass sie mit einer überschaubaren Menge kostengünstiger Materialien auskommen, sodass sie völlig unkompliziert eingesetzt werden können.

Teil A behandelt zum einen den theoretischen Hintergrund zu den kooperativen Spielen und bietet zum anderen praktische Hinweise für die Vorbereitung, Durchführung und Nachbereitung der Übungen.

Teil B enthält die konkreten Anleitungen zu den 105 Übungen und Spielen, welche nach folgenden Kategorien untergliedert sind:

- Aktivierung
- Erlebnisparcours
- Kommunikation
- Konstruktion
- Koordination
- Strategie
- Vertrauen
- Wahrnehmung
- Wettkampf

Die Spielesammlung ist in erster Linie für Pädagogen gedacht, die im schulischen Kontext mit Jugendlichen kooperative Übungen zur Teambildung durchführen wollen. Darüber hinaus können die Spiele aber natürlich auch in der freien Jugendarbeit und in der Vereinsarbeit eingesetzt werden. Dabei können sie einzeln verwendet werden (z. B. im Unterricht) oder als Spieleketten zusammengesetzt werden (z. B. im Rahmen eines Projektes).

Noch ein Hinweis zur Sprache: Aus Gründen der Lesbarkeit wird auf die explizite Nennung beider Geschlechter verzichtet; falls nicht ausdrücklich anders erwähnt, sind immer beide Geschlechter gemeint.

Danke!

An dieser Stelle möchte ich den Menschen danken, die zum Gelingen dieses Buches auf unterschiedlichste Weise beigetragen haben:

- meinem Mitstreiter Thomas Weingarten-Lippmann, der mit mir zusammen seit Jahren Soziale Trainingskurse für straffällige Jugendliche leitet und genauso gern wie ich neue Spiele ausprobiert,
- meinen beiden Söhnen, Niklas und Josiah, die mich immer wieder zu neuen Ideen anregen,
- meinem Schwager Alexander Stroh, der mit seinem technischen Know-How die Bauanleitungen kritisch überprüft hat,
- Roland Warnat, der mich mit seinem handwerklichen Know-how und dem richtigen Baumaterial unterstützt hat,
- den Teilnehmern der Sozialen Trainingskurse, die als Probanten immer wieder meine neuesten Einfälle ausprobieren durften und alles gaben, um die gestellten Aufgaben zu meistern,
- den Schülern der Comenius-Schule und des Johanneum-Gymnasiums in Herborn, die mit Spaß und Freude die Übungen auf ihre Tauglichkeit in größeren Gruppen testeten,
- den Lektoren Simone Wenderoth und Malte von der Heide vom Persen Verlag.

Ich wünsche Ihnen viel Spaß und gute Gruppenprozesse beim Umsetzen der Spiele und Übungen.

Haiger, im Dezember 2010 *Tilo Benner*

Teil A:
Einführung

I. Kooperationsspiele als pädagogische Methode

Die Situation von Kindern und Jugendlichen stellt sich heute anders dar als noch vor dreißig Jahren. Für viele meiner Generation war es in der Kindheit noch normal, den ganzen Nachmittag mit Freunden draußen auf dem Fußballplatz oder in der Natur zu verbringen.

An Stelle von Abenteuern in der Natur erleben Jugendliche heute „Adventures" oft nur noch virtuell mit Joystick und Tastatur. Doch können diese Spiele Primärerfahrungen wohl kaum ersetzen. Die Medialisierung hat zur Folge, dass viele Kinder und Jugendliche sich den größten Teil ihrer Freizeit an ihren Computer zurückziehen und sich kaum noch bewegen. Dieses Verhalten, in der Jugendsprache als „Abhängen" oder „Chillen" bezeichnet, beeinträchtigt auch das Sozialverhalten.

Viele Jugendliche werden nur noch von rein egoistischen Interessen geleitet. Solidarität, soziale Verantwortung und Hilfsbereitschaft werden zwar von Politik und Bildungssystemen immer wieder zu Recht eingefordert, sind aber kaum vorzufinden – höchstens noch in Bezug auf die „Kumpels" und Freundinnen der eigenen Clique. Zudem erleben sich Schüler gegenseitig immer mehr als Konkurrenten (z. B. in Bezug auf gute Noten und Ausbildungsstellen). Der kooperative Gedanke rückt unterdessen immer mehr ins Abseits. Zusammenfassend lässt sich festhalten, dass soziale Kompetenzen und das auf gemeinsame Ziele ausgerichtete Handeln in einer Klasse oder Lerngruppe nicht mehr vorausgesetzt werden können.

Das Bedürfnis der Kinder und Jugendlichen nach Gruppenzugehörigkeit, Akzeptanz, Wertschätzung und Aufmerksamkeit durch ihr Umfeld wird unter diesen Bedingungen kaum erfüllt. Teens wollen etwas Interessantes tun und in emotionaler Hinsicht den „letzten Kick" erleben. Zudem sind der Drang nach Freiheit und der Wunsch, sich auszuprobieren, sehr ausgeprägt.

Lena (13): „Am wohlsten fühl ich mich, wenn ich mit den Pfadfindern unterwegs bin und Natur pur erlebe!"

Jona (16): „Ich freue mich schon auf meinen Führerschein! Mit 160 Sachen über die Autobahn zu brettern, ist einfach nur geil!"

Diese Diskrepanz zwischen den heutigen Gegebenheiten und den Bedürfnissen der Kinder und Jugendlichen stellt eine große Herausforderung für das pädagogische Handeln dar. Erziehungsziele wie Persönlichkeitsbildung, soziale Entwicklung und Teamarbeit sind ein wesentlicher Faktor des Bildungs- und Erziehungsauftrages von Schule und offener Jugendarbeit. So können Kooperationsspiele, wie sie hier vorgestellt werden, Prozesse des emotionalen und sozialen Lernens in Gang setzen und die Zusammen- bzw. Integrationsarbeit in der Klasse fördern. Die Schüler erleben sich selbst und andere auf einem neuen Erfahrungs- und Lernfeld, in dem z. B. mögliche Ängste, Frustrationen, Kommunikationsstörungen oder Konflikte durch Eigeninitiative bzw. Gruppenunterstützung überwunden sowie positive Gruppenerfahrungen gemacht werden können.

Die Gruppe bekommt eine spannende praktische Aufgabe mit offenem Ausgang gestellt, die sie nur gemeinschaftlich lösen kann. Dazu müssen die Teilnehmer miteinander kommunizieren, sich auf einen Plan einigen, die unterschiedlichen Fähigkeiten der einzelnen Gruppenmitglieder nutzen und Rücksicht aufeinander nehmen.

Der Weg zur Problemlösung findet nicht in erster Linie auf der kognitiven Ebene statt, sondern vor allem auf der affektiven und physischen. Der ganzheitliche Erlebnis-Charakter bewirkt bei den Teilnehmern einen komplexen Lernprozess und erfordert das Engagement aller mit Kopf, Herz und Hand:

- **Kopf** (kognitiver Bereich): gemeinsames Überlegen, wie die Aufgabe mit den vorhandenen Mitteln zu lösen ist,
- **Herz** (emotionaler Bereich): Erleben verschiedener Gefühle, Grenzsituationen, Frustrationen, Erfolge; Lernen, sich auf die Gruppe und das gemeinsame Erlebnis einzulassen, Berührungsängste abbauen,
- **Hand** (physischer Bereich): Koordination, Geschick, Körperbeherrschung, physische Stärke.

Die Teilnehmer können in einem durch Regeln abgesicherten Schutzraum mit unterstützender Gruppenatmosphäre gemeinsam Erfahrungen sammeln und reflektieren und dabei ihre Gefühle und Bedürfnisse einbringen. Die Spiele sind in drei Zeitkategorien unterteilt:

- **kurz**: bis 20 Minuten,
- **mittel**: 20 bis 45 Minuten (Umsetzung im Rahmen einer Unterrichtsstunde möglich),
- **lang**: ab 45 Minuten (durchführbar im Rahmen einer Doppelstunde oder eines Projekts).

Reflexionsphasen sind in den Angaben über die Dauer der Spiele (siehe Spielanleitungen in Teil B) nicht eingerechnet, da man die Länge solcher Auswertungsrunden schwerlich abschätzen kann. Sie sind von vielfältigen Faktoren abhängig (z. B. von der individuellen Situation der Teilnehmer, dem Gruppenprozess und der Art der Aktion).

Kategorien der Kooperationsspiele

- **Aktivierung:** Die Jugendlichen werden körperlich aktiv. Sie bringen ihren Kreislauf in Schwung und „kommen richtig in der Gruppe an“, sodass sie sich mit voller Aufmerksamkeit auf die weiteren Aufgaben konzentrieren können (z. B. Aufwärmspiele).

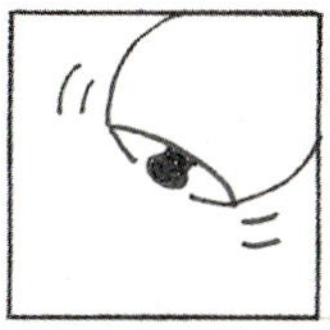

- **Erlebnisparcours:** Die Spiele mit einem starken Erlebnischarakter haben oft eine komplexe Aufgabenstellung und finden meist draußen in der Natur statt. Die Jugendlichen erleben durch verschiedene Herausforderungen im Rahmen einer Spielekette oder mehrerer Stationen die unterschiedlichsten Emotionen. Sie merken, dass sie aufeinander angewiesen sind und nur gemeinsam die Aufgabe meistern können.

- **Kommunikation:** Die erfolgreiche Erledigung der Aufgabe hängt insbesondere davon ab, wie effektiv die Jugendlichen miteinander kommunizieren. In diese Kategorie gehören Spiele, in denen die Teilnehmer miteinander in Kontakt treten (z. B. Kennenlern-Spiele), ebenso wie Spiele, in denen genaue Absprachen zwischen den Gruppenmitgliedern notwendig sind.

- **Konstruktion:** Die Gruppe bekommt die Aufgabe, aus verschiedensten Materialien ein Produkt herzustellen. Dazu soll jeder seine individuellen Fähigkeiten einbringen. Hier ist, neben Kreativität und planvollem Handeln, handwerkliches Geschick gefragt. Bei diesem Spieltyp treten oft Kleingruppen gegeneinander an (Beispiel: „Wackelturm“, S. 70).

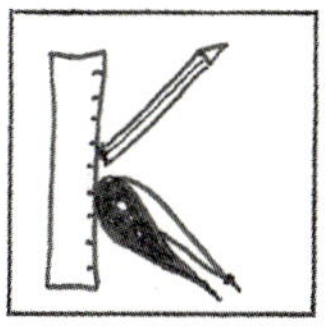

- **Koordination:** Bei den Spielen, die Koordination verlangen, müssen die Teilnehmer geschickt und umsichtig miteinander agieren. Dazu ist ein Höchstmaß an Aufmerksamkeit und Konzentration notwendig (Beispiel: „Verzwickte Seilschaft“, S. 91).

- **Strategie:** Der Schwerpunkt strategischer Spiele besteht darin, komplexe Aufgaben durch intensives Nachdenken vorzubereiten und den dadurch errungenen Plan schließlich mithilfe der unterschiedlichen Fähigkeiten der Gruppenmitglieder in die Tat umzusetzen (Beispiel: „Einkesseln“, S. 95).

- **Vertrauen:** Zum einen übernehmen die Jugendlichen bei diesen Übungen Verantwortung für andere. Zum anderen erleben sie aber auch, dass sie sich auf ihre Mitspieler verlassen können und sie von ihnen – sowohl physische als auch kommunikative – Unterstützung erhalten (Beispiel: „Menschenteppich“, S. 111).

- **Wahrnehmung:** Bei diesen Spielen ist die Sinneswahrnehmung, insbesondere der Sehsinn, von Bedeutung. Es geht darum, die anderen um sich herum genau wahrzunehmen oder zu beobachten. Oft tritt der intensive Blickkontakt an die Stelle der mündlichen Kommunikation (Beispiel: „Ausgeguckt“, S. 119).

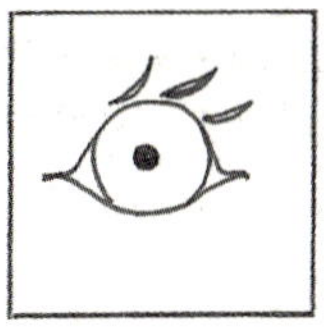

- **Wettkampf:** Es werden Kleingruppen oder Mannschaften gebildet, die gegeneinander antreten. Um erfolgreich zu sein, müssen die Teammitglieder kooperieren (Beispiel: „Wasserbombenvolleyball“, S. 130).

Die Spielphasen

Die Spiele durchlaufen bis zu sechs Phasen:

1. **Vorbereitung:** Zunächst muss der Spielleiter den Spielparcours einrichten oder Materialien bereitstellen. Die Gruppe begibt sich in die für das Spiel notwendige Ausgangsposition (z. B. Sitz- oder Stehkreis).

2. **Einstieg:** Die Spielsituation wird den Jugendlichen eingebettet in eine erfundene Geschichte vermittelt. Das regt die Fantasie an und verstärkt den Erlebnischarakter des Spiels.

3. **Aufgabe:** Spielregeln und Aufgabenstellungen werden so formuliert, dass sie für alle Mitspieler verständlich und nachvollziehbar sind.

4. **Durchführung:** Bevor man die praktische Phase einleitet, ist zunächst eine Beratungsphase sinnvoll. Danach beginnen die Teilnehmer gemeinsam mit den Spielaktionen (z. B. mit der Problemlösung, mit den Konstruktionen o. a.).

5. **Präsentation und Erprobung:** Die Produkte und Lösungen (z. B. von Konstruktions- und Strategiespielen) werden im Plenum vorgestellt, getestet und gewürdigt.

6. **Reflexion:** Der Spielablauf, das Miteinander und die emotionale Situation jedes Einzelnen werden zur Sprache gebracht, damit aus Eindrücken und Erlebnissen nachhaltige Lernerkenntnisse werden.

II. Die Ziele von kooperativen Spielen

Stärkung der Persönlichkeit

Die Spiele können ...

- das Selbstvertrauen, Selbstwertgefühl und die gesamte Persönlichkeit stärken,
- helfen, die eigenen Stärken und Schwächen (z. B. Ängste) besser einzuschätzen und anzunehmen sowie aktiv daran zu arbeiten,
- das Vertrauen in die eigenen Fähigkeiten fördern und helfen, neue Fähigkeiten zu entdecken,
- von einer passiven Zurückhaltung zu einer aktiveren und mutigeren Herangehensweise motivieren,
- die Sinne, die Entdeckungslust und die persönliche Initiative wecken,
- trainieren, sich flexibel auf neue Situationen einzustellen,
- den Umgang mit Frustrationen und Erfolgen verbessern,
- einüben, Risiken und Gefahren realistisch einzuschätzen,
- fördern, sich der eigenen Rolle in der Gruppe bewusst zu werden,
- initiieren, sich kritisch mit dem eigenen Handeln auseinanderzusetzen,
- gruppendynamische Prozesse bewusst machen.

Förderung der Gruppenbildung

Die Spiele können ...

- die Zusammenarbeit einüben und das Zusammengehörigkeitsgefühl stärken,
- fördern, die verschiedenen Fähigkeiten der Gruppenmitglieder zur Lösung einer Aufgabe zu nutzen,
- trainieren, gemeinsam zu planen und Strategien und Taktiken zu entwickeln,
- fördern, in gemeinsamer Verantwortung Entscheidungen zu treffen und Ziele zu erreichen,
- helfen, neue Beziehungen aufzubauen, und so der Cliquenbildung entgegenwirken,
- zeigen, dass man aufeinander angewiesen ist und man aufeinander achten sollte,
- demonstrieren, wie nützlich es ist, die verschiedenen Fähigkeiten der Gruppenmitglieder zur Lösung einer Aufgabe zu nutzen,
- erleichtern, einander zu vertrauen, Konflikte anzusprechen und zu lösen.

III. Die Reflexionsphase

Während der Spiele und Übungen machen die Kinder und Jugendlichen die unterschiedlichsten Erfahrungen in Bezug auf sich selbst und hinsichtlich ihrer Gruppe. Sie durchleiden kritische Momente, wie Frustrationen und Konflikte, erleben aber auch Erfreuliches, wie Zusammenhalt und Erfolg.

In der Reflexionsphase können die initiierten gruppendynamischen Prozesse und Emotionen besprochen und aufgearbeitet werden. Dabei lassen die Teilnehmer die wichtigsten Momente der Aktionsphase noch einmal Revue passieren. Dies ist notwendig, wenn die neuen Erfahrungen nachhaltige Lernprozesse anstoßen sollen. Dabei soll nicht die Beurteilung von außen (durch einen Beobachter), sondern die Selbstreflexion im Vordergrund stehen. So werden die Teilnehmer als Experten ihrer eigenen Erfahrungen und möglichen Veränderungsprozesse wahr- und ernst genommen, denn Selbsterkenntnisse wirken meist nachhaltiger als das Urteil des Spielleiters.

In der Reflexionsphase haben die Jugendlichen Gelegenheit, mit einer gewissen Distanz die Aufgabe, die Gruppensituation und die persönlichen Erlebnisse zu analysieren und daraus mögliche Konsequenzen für die Zukunft zu ziehen. Dabei sollte der zeitliche Abstand zwischen der Übungs- und der Reflexionsphase nicht zu groß sein. Am sinnvollsten wäre ein fließender Übergang, denn oft haben die Teilnehmer gleich nach einer Übung das Bedürfnis, darüber zu reden. Dies sollte aber in einem abgesteckten Rahmen geschehen, damit alle Gruppenmitglieder eingebunden sind und positive Gruppenprozesse angestoßen werden können.

Das Auswertungsgespräch kann man durch offene Impulsfragen (siehe Beispiele im folgenden Kasten) anregen. Ein wichtiger Gegenstand aus der Übung oder das Erinnern an die einzelnen Stationen des Spielparcours können dabei Denk- und Kommunikationsprozesse initiieren. Die Kommunikation sollte erkenntnis- und zukunftsorientiert sein. Wenn z. B. während eines Spiels Probleme oder Konflikte auftreten, sollte in der Reflexionsrunde der Fokus nicht retrospektiv auf die Schuldfrage gelegt werden, sondern darauf, was die Gruppe oder der Einzelne aus den Fehlern lernen und in Zukunft besser machen will. Die neuen Erfahrungen können auf diese Weise einen Lernprozess in Gang setzen, der sich positiv auf den Umgang mit alltäglichen Aufgaben und neuen Herausforderungen auswirken wird.

Allerdings sollte niemand gezwungen werden, sich im Reflexionsgespräch zu äußern, denn unter Druck wird kaum jemand etwas über sich oder seine innersten Gefühle preisgeben. Deshalb ist Freiwilligkeit an dieser Stelle oberstes Gebot.

Ist ein Eingreifen nicht nötig, sollte der Spielleiter, die Gesprächsführung möglichst der Gruppe überlassen. Bei Schuldzuweisungen und Beleidigungen sollte er jedoch die Schärfe aus den Aussagen herausnehmen, indem er die Spiegelmethode nach Carl R. Rogers anwendet.

Beispiel

Gruppenmitglied: „Da hat dieser Blödmann mich einfach alleine stehen lassen!"

Spielleiter: „Als du auf einmal alleine da gestanden hast, fühltest du dich ziemlich im Stich gelassen."

In der Reflexionsphase werden die Sachebene, die zwischenmenschliche und die persönlich-emotionale Ebene in den Blick genommen:

- Auf der **Sachebene** werden die Aufgaben- bzw. Problemstellung sowie Strategien und Lösungswege thematisiert. Auch äußere Gegebenheiten, wie das zur Verfügung stehende Material, können hier angesprochen werden. Über diese sachlichen Aspekte zu reden, bereitet den meisten Jugendlichen keine Probleme.
- Auf der **zwischenmenschlichen Ebene** wird der gruppendynamische Prozess analysiert. Dabei werden folgende Aspekte berücksichtigt: die Beziehungen untereinander, der kommunikative Umgang miteinander, die Entscheidungsfindung, das Teamwork, das Verhalten (z. B. bei Konflikten) und die verschiedenen Rollen innerhalb der Gruppe (z. B. Macher, Planer, Beobachter).
- Auf der **persönlich-emotionalen Ebene** wird analysiert, welche Gefühle bei den einzelnen Gruppenmitgliedern ausgelöst wurden. Über solche persönlichen Aspekte zu reden, fällt den meisten Jugendlichen relativ schwer. Das Gespräch sollte daher in einer vertrauensvollen Atmosphäre stattfinden. Wenn die

Jugendlichen sich darauf verlassen können, dass die Inhalte des Gesprächs nicht nach außen dringen, öffnen sie sich und beschreiben ihre Gefühle (z. B. Ängste und Unsicherheiten) und ihre persönlichen Erfahrungen (z. B. Motivationsprobleme, Grenz- und Glückserlebnisse).

Offene Impulsfragen

Sachliche Ebene (Planung, Strategie, Taktik):

- Wie seid ihr vorgegangen? Wie habt ihr die Aufgabe gelöst?
- Wenn ihr verschiedene Lösungsvorschläge hattet, wie habt ihr euch auf eine Vorgehensweise geeinigt?
- Inwiefern konntet ihr euren Anfangsplan oder eure Strategie umsetzen, bzw. woran lag es, dass ihr Geplantes nicht verwirklichen konntet?
- Was hättet ihr besser machen können?
- …

Zwischenmenschliche Ebene (Gruppenverhalten, Rollen):

- Wie hat das Zusammenspiel bzw. die Zusammenarbeit in eurer Gruppe geklappt?
- Was könntet ihr daran noch verbessern?
- Wie habt ihr miteinander kommuniziert?
- Wie wurden die Aufgaben verteilt?
- Waren alle an der Planung beteiligt? Inwiefern konnte jeder Einzelne von euch seine Ideen in die Gruppenarbeit einbringen?
- Welche Rollen (z. B. Wortführer, Planer, Mitläufer) habt ihr übernommen?
- Wie rücksichtsvoll seid ihr miteinander umgegangen?
- Wie seid ihr mit den Vorschlägen der anderen umgegangen?
- Wann und auf welche Weise habt ihr euch gegenseitig geholfen?
- Könnt ihr eurer Gruppe vertrauen oder eher nicht. Warum? In welchem Moment ist euch das bewusst geworden?
- Was wurde anhand des Spiels bezüglich eures Miteinanders innerhalb der Gruppe deutlich?
- …

Persönlich-emotionale Ebene (persönliche Gefühle):

- Was geht dir im Moment durch den Kopf? Wie hast du dieses Spiel erlebt?
- Was empfindest du, wenn du daran denkst?
- Was hat dich beeindruckt? Worüber hast du dich gefreut? Worüber geärgert?
- Wie haben dir die Anweisungen deines Partners geholfen?
- Womit bist du unzufrieden gewesen? Wie hätte es besser laufen können?
- Was hat dich frustriert? Wie bist du mit deinem Frust umgegangen?
- Welche Momente hast du als kritisch empfunden?
- Wie hast du dich in der Gruppe gefühlt?
- Was hat dieses Spiel mit deinem Leben zu tun?
- …

Reflexionsmethoden

- **Gesprächskreis:** Bei dieser bewährten Methode kann sich jeder reihum zu einer Impulsfrage äußern. Dabei sollten bestimmte Gesprächsregeln eingehalten werden (z. B. ausreden lassen, keine Beleidigungen, keine zu langen Statements). Es ist auch möglich, dass jeder die Aktion zunächst für sich allein mithilfe eines Fragebogens reflektiert.

- **Bienenkorb:** Nach Kleingruppenaufgaben ist es sinnvoll, dass jedes Team zunächst Arbeitsklima, Zusammenarbeit und Ergebnisse für sich analysiert und erst danach die wichtigsten Erkenntnisse im Plenum vorstellt.

- **Gefühlsbarometer:** Der Gruppenleiter legt drei DIN-A4-Karten mit den Symbolen ☺, 😐, ☹ in die Mitte des Kreises. Nun werden alle Teilnehmer aufgefordert, ihre aktuelle Befindlichkeit jeweils mithilfe eines Klebepunktes bei der entsprechenden Gefühlskarte anzuzeigen oder sich selbst zur entsprechenden Karte zu stellen. Anschließend hat jeder die Gelegenheit, seine momentane Gefühlslage näher auszuführen.

- **Koordinatensystem:** Vier DIN-A4-Blätter mit den Schlagwörtern aktiv, passiv, positiv, negativ werden als die vier Pole eines Koordinatensystems auf den Boden ausgelegt. Die Pole „aktiv“ und „passiv“ begrenzen die Dimension des Engagements, die Pole „positiv“ und „negativ“ die Dimension der Gefühlslage. Die Jugendlichen werden aufgefordert, sich so zwischen den Polen zu positionieren, wie sie sich selbst während der Übung wahrgenommen haben. Anschließend können sie die eingenommene Position kurz erläutern.

Literaturtipp:
Eine große Anzahl von **weiteren** empfehlenswerten **Reflexionsmethoden** finden Sie in den beiden Bänden „Kooperative Abenteuerspiele“ von Rüdiger Gilsdorf und Günter Kistner (siehe auch Literaturverzeichnis).

IV. Wichtige pädagogisch-didaktische Hinweise

Bei der Umsetzung der Übungen und Spiele sollten vom Spielleiter folgende pädagogisch-didaktischen Aspekte berücksichtigt werden:

Die „10 Gebote“ für den Spielleiter

1. **Probiere die Spiele grob aus, bevor du sie mit der Gruppe durchführst!**
Nur dann weißt du, welche Gefühle, Probleme und Risiken bei der Übung auftauchen könnten und was man als Spielleiter bei der Übung besonders beachten sollte. Nun kannst du z. B. Sicherheitshinweise und Hilfestellungen geben und die Reaktionen und geäußerten Gefühle der Jugendlichen nach der Spielaktion besser nachvollziehen.

2. **Bereite dich gut vor!**
Suche vorher den Raum bzw. das Gelände auf, wo das Spiel stattfinden soll! Achte darauf, dass alles sorgfältig vorbereitet ist, z. B. dass der Parcours richtig eingerichtet ist und alle Materialien an ihrem Platz liegen.

3. **Suche Spiele aus, welche die Gruppe weder über- noch unterfordern!**
Überprüfe, ob das ausgewählte Spiel zu den Gegebenheiten in der Gruppe passt, sonst wähle ein anderes aus!

4. **Passe die Spielregeln an die Gruppe an und nicht umgekehrt!**
Verändere die Spiele so, dass sie zu der Gruppe passen. Denke aber daran, auch diese neue Version zuvor zu testen, um mögliche Probleme bei der Durchführung abschätzen und abstellen zu können.

5. **Bette die Spiele in eine fantasievolle Rahmenhandlung ein!**
Sie regt nicht nur die Fantasie der Teilnehmer an, sondern verstärkt auch den Erlebnischarakter der Übung und lockert die Atmosphäre auf, weil sie die Teilnehmer zum Schmunzeln bringt und ihnen hilft, auch ungewohnte Rollen und Aufgaben zu übernehmen. Wenn die Gruppe einen solchen Einstieg als zu kindisch oder zu albern empfindet, lasse ihn einfach weg.

6. **Erkläre die Regeln klar und gründlich und achte falls nötig auf Sicherheitsvorkehrungen!**
Teile den Teilnehmern genau mit, was von ihnen erwartet wird, z. B. sich auf die Übungen einzulassen, Verantwortung für andere zu übernehmen, miteinander zu kommunizieren und zu planen. Stelle klar, welche Gefahren mit der Übung verbunden sein können und welche Regeln und Vorsichtsmaßnahmen deshalb unbedingt eingehalten werden müssen!

7. **Zwinge niemanden zum Spielen!**
Jeder kann selbstbestimmt entscheiden, worauf er sich einlassen will und worauf nicht. Als Spielleiter solltest du aber versuchen, die Jugendlichen zur Teilnahme zu motivieren. Sollte sich ein Jugendlicher während eines Spiels unwohl fühlen oder aus anderen Gründen nicht weitermachen können, darf er aussteigen und das Geschehen von außen beobachten.

8. **Nimm dich als Spielleiter beim Spiel zurück!**
Greife nur bei Regelverletzungen ein! Bleibt die Gruppe an einem Punkt stecken, führe eine Zwischenreflexionsrunde durch. Vermeide aber, Lösungen vorzugeben, sondern unterstütze die Gruppe darin, eigene Ideen zu entwickeln.

9. **Biete der Gruppe in einer Reflexionsrunde Gelegenheit, über das Spiel nachzudenken!**
So können Erfahrungen und Erlebnisse aus der Durchführungsphase für einen nachhaltigen Lernprozess fruchtbar gemacht werden. Deine Rolle ist dabei nicht die eines Beurteilers, sondern die eines Gesprächsleiters.

10. **Biete der Gruppe einen geschützten Raum!**
Weise darauf hin, dass Persönliches vertraulich behandelt werden soll und innerhalb der Gruppe bleibt. Dies schafft eine Atmosphäre, in der die Teilnehmer es wagen, Neues auszuprobieren und über ihre Gefühle, Ängste und Unsicherheiten zu sprechen.

V. Hinweise zu den Materialien

Für einige Kooperationsübungen benötigt man Utensilien, die man mit handwerklichem Geschick vorbereiten muss. Die Bauanleitungen sind bei den entsprechenden Spielen angegeben. Wer sich die Herstellung selbst nicht zutraut, könnte sich z. B. an Kollegen wenden, die Arbeitslehre oder Werkunterricht erteilen und die Spielmaterialien im Rahmen des Unterrichts mit Schülern bauen könnten. Viele Spielutensilien können auch käuflich erworben werden, z. B. bei:

- Firma METALOG training tools (www.metalog.de),
- Neuland GmbH & Co. KG (www.neuland-online.de),
- Karl-Schubert-Werkstätten und Wohngemeinschaften e.V. (www.ksw-ev.de).

Manche kommunalen Einrichtungen (z. B. Jugendförderung, Jugendpflege, Bezirksjugendring) oder kirchliche Träger (z. B. Kirchendekanate, CVJM) verleihen vergleichbare Spielmaterialien. Hier lohnt es sich nachzufragen.

Ratschläge zur Herstellung von häufiger verwendeten Materialien:

- **Halteseile** werden als Haltevorrichtung für etliche Koordinationsspiele benötigt und können preiswert in einem Baumarkt erworben werden (entweder von einer Endlosrolle oder in Einheiten à 20 m Länge verpackt). Für die einzelnen Übungen reichen Seile mit einem Durchmesser von 3 bis 4 mm völlig aus. Schneiden Sie diese in Stücke à 5 m Länge. Um ein Seil zu verzieren, kann man an jedem Ende eine Holzkugel (Durchmesser: 20 mm; Lochdurchmesser: 4 mm) befestigen. An den Löchern der Spielgeräte befestigt man solche Seile folgendermaßen: Legen Sie ein Seil doppelt, stecken Sie dann das Ende mit der Schlaufe ca. 5 cm durch das Loch des Spielgerätes und ziehen Sie die Enden mit den Holzkugeln durch diese Schlaufe fest hindurch.

- **Multiplexplatten bzw. Siebdruckplatten** sind sehr stabil und werden für verschiedene Kooperationsspiele als Baumaterial (z. B. für ein Labyrinth) in unterschiedlichen Stärken gebraucht. Da die Platten aus dem Baumarkt nicht billig sind, lohnt es sich, nach kostengünstigeren Alternativen zu suchen (z. B. Platten aus dem Bestand des Hausmeisters oder des Werkunterrichts in der Schule, preiswerte Reststücke bzw. kostenlose Abfallstücke von holzverarbeitenden Betrieben).

- **Augenbinden** werden bei vielen Vertrauensspielen eingesetzt. Sie lassen sich z. B. kostengünstig aus einem schwarz gefärbten Betttuch zuschneiden. Um ein Ausfransen zu vermeiden, sollten die Ränder mit der Nähmaschine gekettelt werden. Eine andere Möglichkeit ist der Einsatz von Schlafmasken, die z. B. günstig im Internet ersteigert werden können.

Teil B:
Spiele und Übungen

Feuerbälle

Aktivierung

Heiße Feuerbälle fliegen durch die Luft und müssen so schnell wie möglich weitergeworfen werden, damit man sich nicht die Finger verbrennt ...

Ziele: durch Bewegung neue Konzentration erzeugen, aufeinander Rücksicht nehmen, schnell und genau zusammenarbeiten, sich wahrnehmen
Ort: drinnen oder draußen im Stehkreis
Dauer: kurz 5 bis 10 min
Material: 5 verschieden große Bälle (z. B. Jonglier-Ball, Tennisball, Handball, Volleyball, großer aufgeblasener Wasserball), 5-Liter-Eimer mit 4 l Wasser

Durchführung:

- Alle stellen sich im Kreis auf.
- Der Spielleiter wirft einem Mitspieler einen Ball zu.
- Dieser wirft ihn zu einem anderen Mitspieler usw.
- Dies geht so lange weiter, bis alle genau ein Mal (!) an der Reihe waren und der Ball wieder beim Spielleiter angekommen ist.
- Wichtig ist, dass sich jeder genau merkt, wem er den Ball in der ersten Runde zugeworfen hat, da der Ball auch in den weiteren Runden immer in der gleichen Reihenfolge von Mitspieler zu Mitspieler „wandern" muss.
- Während der nächsten Runden gibt der Spielleiter weitere Bälle ins Spiel und erhöht damit das Tempo.
- Als letzte Steigerung des Schwierigkeitsgrades kann zusätzlich ein Eimer mit Wasser im Uhrzeigersinn weitergegeben werden.

Fußarbeit

Auf dem Markt herrscht Chaos. Soeben ist eine neue Ladung Melonen angekommen. Beim Abladen passiert das Unglück: Die Arbeiter klemmen sich die Finger, sodass sie ihre Hände für den Transport nicht mehr nutzen können.
Doch einer hat eine Idee:
Alle bilden eine Menschenkette und reichen die Ware mit den Füßen weiter ...

Ziele: durch Bewegung neue Konzentration erzeugen, schnell und geschickt zusammenarbeiten
Ort: drinnen oder draußen im Sitz- oder Stuhlkreis
Dauer: kurz 5–10 min
Material: 1 Gegenstand (z. B. Ball, Luftballon, Wasserbombe, Pylon oder Tuch)

Durchführung:

- Die Mitspieler sitzen im Kreis nebeneinander oder in einer Reihe mit ein wenig Abstand hintereinander.
- Auf Zeit müssen sie mit ihren Füßen einen Gegenstand an ihren Nachbarn bzw. Hintermann weiterreichen.
- Wie lange dauert der Durchgang?
- Die Gruppe versucht mit jedem neuen Durchgang, ihre Zeit zu verbessern.

Variante:

- Die Mitspieler sitzen im Kreis. An zwei gegenüberliegenden Stellen wird gleichzeitig jeweils ein Gegenstand in die Runde gebracht.
- Kann einer der Gegenstände den anderen überholen?

Hula-Hoop-Kreis

Aktivierung

In Hawaii ist Hula-Hoop in.
Doch diesmal wird der Hula-Hoop-Reifen nicht nur um die Hüften geschwungen, sondern um den ganzen Körper.
Auf diese Idee hätten eigentlich die Hawaiianer schon längst kommen können ...

Ziele:	durch Bewegung neue Konzentration erzeugen, Berührungsängste abbauen, schnell und geschickt zusammenarbeiten
Ort:	geschlossener Stehkreis drinnen oder draußen
Dauer:	kurz 5–10 min
Material:	1 bzw. 2 Hula-Hoop-Reifen, Stoppuhr

Durchführung:

- Alle Mitspieler stehen in einem Kreis und fassen sich an ihren Händen, sodass der Kreis geschlossen ist.
- An einer Stelle wird ein Hula-Hoop-Reifen so eingefügt, dass zwei benachbarte Mitspieler sich mit ihren Händen durch den Reifen hindurch anfassen.
- Ziel des Spieles ist es, den Reifen – wie ein Nadelöhr um einen Faden – im Uhrzeigersinn um die Menschenkette herumlaufen zu lassen.
- Jeder steigt, sobald er an der Reihe ist, schnellstmöglich durch den Reifen, ohne dabei die Hände seiner Nachbarn loszulassen.
- Für jede Runde wird die Zeit gestoppt. Diese Zeit gilt es jeweils, in der folgenden Runde zu unterbieten.

Variante (mit zwei Hula-Hoop-Reifen):

An zwei gegenüberliegenden Stellen wird je ein Hula-Hoop-Reifen „eingefädelt“. Die Mitspieler versuchen, mit dem einen Hula-Hoop-Reifen den anderen einzuholen bzw. sich nicht einholen zu lassen.

Kartenhüpfer

Wie im richtigen Leben: Man kann nicht immer so, wie man will. Man würde gerne weiterkommen, aber irgendwie wird man blockiert. Andererseits gibt es auch Phasen, da macht man Fortschritte und fühlt sich wie auf der Überholspur ...

Ziele: neue Energien freisetzen, Berührungsängste abbauen, sich auf andere einlassen
Ort: Stuhlkreis
Dauer: kurz 10–15 min
Material: Elfer-raus-Karten (oder andere Karten in vier Farben)

Vorbereitung:

- Die Mitspieler sitzen im Stuhlkreis.
- Der Spielleiter stellt die Anzahl der Mitspieler fest und zählt entsprechend viele Karten ab bzw. ein paar mehr, sodass alle vier Kartenfarben (Rot, Grün, Blau und Gelb) gleich häufig vorkommen.

Durchführung:

- Der Spielleiter mischt die Karten und gibt jedem Mitspieler eine.
- Jeder merkt sich die Farbe seiner Karte.
- Dann werden die Karten vom Spielleiter wieder eingesammelt und neu gemischt.
- Nun beginnt das eigentliche Spiel: Der Spielleiter nimmt die erste Karte des Stapels auf und nennt die Farbe.
- Nun dürfen diejenigen, welche diese Kartenfarbe hatten, einen Platz nach links rutschen. Sitzt dort bereits ein Mitspieler, setzen man sich einfach auf dessen Schoß.
- Im Verlauf des Spiels kann es so dazu kommen, dass drei oder mehr Personen „übereinander“ auf einem Stuhl sitzen.
- Der Spielleiter gibt die Farbe der nächsten Karte an. Nun dürfen die Mitspieler, die eine Karte dieser Farbe hatten, wieder einen Platz weiter nach links rutschen usw.
- Sollte ein Spieler „blockiert“ sein, weil mindestens ein Schüler auf seinem Schoß sitzt, darf er den Platz nicht wechseln.
- Das Spiel ist beendet, wenn ein Mitspieler – nach einer Runde durch den gesamten Stuhlkreis – zurück an seinen ursprünglichen Platz gelangt.

Hinweis:

Diejenigen, die andere auf ihrem Schoß sitzen haben bzw. selbst auf einem Schoß sitzen, sollten möglichst gerade, mit eng zusammengehaltenen Beinen und parallel gestellten Füßen auf dem Stuhl oder Schoß sitzen, damit niemand zu Boden fallen und sich verletzen kann.

Kippelstuhl

Aktivierung

Kippeln ist ein weitverbreitetes Hobby unter Schülern. Oft werden sie von ihren Lehrer gebeten, diese Aktivität sofort einzustellen. Doch heute ist Kippeln erlaubt – nur in einer etwas anderen Form ...

Ziele: durch Bewegung neue Konzentration erzeugen, schnell und geschickt zusammenarbeiten
Ort: Stuhlkreis
Dauer: kurz 10–20 min
Material: 1 Stuhl pro Person

Durchführung:

- Die Mitspieler stellen sich im Stuhlkreis hinter ihre Stühle und drehen ihre Körper um 90° nach links, sodass sie im Uhrzeigersinn stehen.
- Nun erfasst jeder mit seiner rechten Hand die Rückenlehne seines Stuhles und zieht sie so zu sich, dass die Vorderbeine des Stuhls ca. 15 cm vom Boden abgehoben werden.
- Die Aufgabe besteht nun darin, dass alle gleichzeitig im Uhrzeigersinn jeweils zum benachbarten Stuhl laufen, mit der rechten Hand dessen Rückenlehne ergreifen und dann weiter zum nächsten Stuhl laufen, ihn ergreifen usw.
- Die Mitspieler müssen zuvor gemeinsam überlegen, wie sie die Aufgabe als Gruppe in einem festgelegten Zeitrahmen (von 5 bis 10 Minuten) am besten umsetzen können (z. B. indem einer das Kommando übernimmt) und wie viele Stuhlwechsel sie wohl schaffen können, ohne dass ein Stuhl umfällt oder mit allen vier Beinen den Boden berührt.
- Sobald bei der Aktion ein solcher Fehler auftritt, beginnt die Zählung der Platzwechsel durch den Spielleiter wieder von vorn.

Hinweis:

Die Stühle dürfen nur mit der rechten Hand angefasst und von keinem anderen Körperteil berührt werden.

Kissenschlacht

Frau Holle will gerade – wie an jedem Morgen – ihre beiden Kissen aufschütteln, doch sie sind verschwunden ... Pechmarie und Glücksmarie haben sie mitgehen lassen, um mit ihren Freunden eine Kissenschlacht zu veranstalten ...

Ziele: durch Bewegung neue Konzentration erzeugen, schnell und effektiv zusammenarbeiten
Ort: Stuhlkreis im Klassen- oder Gruppenraum
Dauer: kurz 5–10 min
Material: 2 gleiche Kissen (bzw. Bälle)

Durchführung:

- Die Mitspieler bilden einen Stuhlkreis.
- Nun wird reihum immer bis zwei gezählt und von Neuem begonnen. Die „Einser“ und die „Zweier“ bilden jeweils eine Mannschaft. Beide Mannschaften sollten gleich groß sein, falls nötig spielt der Spielleiter mit.
- Zwei Mitspieler aus gegensätzlichen Mannschaften, die sich im Stuhlkreis gegenübersitzen, erhalten jeweils ein Kissen.
- Auf Kommando des Spielleiters müssen sie ihre Kissen im Uhrzeigersinn – jeweils am direkten Nachbarn vorbei – an den Nächsten aus der eigenen Mannschaft weitergeben.
- Dabei gelten folgende Regeln: Die Kissen dürfen nicht geworfen, kein Mitspieler der eigenen Mannschaft darf ausgelassen und die gegnerische Mannschaft darf nicht an der Weitergabe gehindert werden.
- Diejenige Mannschaft, der es gelingt, das Kissen der anderen Mannschaft einzuholen, hat gewonnen.

Varianten:

- In einer neuen Spielrunde werden die Kissen entgegen dem Uhrzeigersinn weitergegeben.
- Statt der Kissen können auch Bälle eingesetzt werden.

Luftball

Aktivierung

Die Volleyballnationalmannschaft bereitet sich auf ein großes Turnier vor. Heute steht ein Kraft- und Präzisionstraining an ...

Ziele: aktivieren, aufeinander Rücksicht nehmen, sich verständigen
Ort: draußen oder in der Turnhalle
Dauer: kurz 10–20 min
Material: 1 großer Gymnastikball, evtl. Kreide, Pylonen o. Ä. zur Begrenzung der Spielfläche

Durchführung:

- Der Spielleiter bestimmt bzw. markiert die Spielfläche (z. B. ein halbes oder ein ganzes Volleyballfeld je nach Gruppengröße).
- Die Gruppe soll innerhalb der Spielfläche einen Gymnastikball in der Luft „halten“, ohne dass er den Boden berührt und jemand den Ball mehrmals hintereinander berührt.
- Dabei dürfen zwar alle Körperteile eingesetzt werden, der Ball darf aber nicht festgehalten oder gefangen werden.
- Bevor das Spiel beginnt, tauscht sich die Gruppe kurz über ihre Spieltaktik und ihre Aufstellung im Spielfeld aus.
- Dann geht es los! Sobald eine Regel überschritten wird, wird die Spielrunde beendet und die Anzahl der korrekten Ball-Berührungen der Runde festgehalten.
- In weiteren Spielrunden versucht die Gruppe, die Anzahl der Ball-Berührungen zu steigern bzw. eine festgelegte Anzahl (z. B. 20) zu erreichen. Besonders motivierend ist es, wenn dabei alle laut mitzählen.

Variante:

Wer den Ball innerhalb einer Runde ein Mal berührt hat, zieht sich aus dem Spielfeld zurück, bis jeder Spieler ein Mal dran war. Nachdem der letzte Spieler den Ball erfolgreich in der Luft gehalten hat, steigen alle Spieler wieder schnell ins Spiel ein.

Schnelles Staffelholz

Aktivierung

Eine Firma will bei ihren Mitarbeitern die Handlungsfähigkeit – und im Speziellen die Fingerfertigkeit – optimieren, damit man auf dem globalen Markt nicht an Boden verliert. Dazu hat sie sich eine besondere Aufgabe ausgedacht ...

Ziele: durch Bewegung neue Konzentration erzeugen, ein gemeinsames Vorhaben absprechen und umsetzen, schnell und effektiv zusammenarbeiten
Ort: Stuhlkreis drinnen oder draußen
Dauer: kurz 5–10 min
Material: 1 Staffelholz (oder Rundstab à ca. 20 cm Länge und 3–4 cm ∅)

Durchführung:

- Die Mitspieler sitzen im Stuhlkreis.
- Zunächst dürfen sie eine Minute lang darüber beraten, wie sie die folgende Aufgabe lösen wollen: Das Staffelholz soll innerhalb eines festgelegten Zeitraums durch die Hände aller Mitspieler gehen.
- Die Zeit, die der Gruppe für einen Durchgang zur Verfügung steht, richtet sich nach der Anzahl der Mitspieler (z. B. 26 Mitspieler: 26 sec).
- Wurde die Aufgabe erfolgreich ausgeführt, wird der Zeitraum um die Hälfte reduziert, dann noch einmal usw.
- Zum Schluss muss die Gruppe die Aufgabe innerhalb von 1 Sekunde erledigen.
- Sie hat vor jedem neuen Durchgang zwei Minuten Beratungszeit.

Lösung:

- Jeder hält seine Hände vor sich und spreizt seine Zeigefinger und Daumen auseinander.
- Nun berührt jeder mit seinem linken Daumen seinen rechten und mit seinen Zeigefingerspitzen die seines rechten und linken Nachbarn, sodass aus den Händen ein Kreis gebildet wird.
- Anschließend muss einer der Mitspieler nur noch das Staffelholz in den Händekreis werfen und die Aufgabe ist erfolgreich gelöst!

Wanderstab

Aktivierung

In Seniorenheim „Die Junggebliebenen" ist folgendes Spiel der Renner: Alle Besitzer eines Spazierstocks stellen sich im Kreis auf und los geht's mit der fröhlichen Runde ...

Ziele: durch Bewegung neue Konzentration erzeugen, flink und geschickt zusammenarbeiten
Ort: draußen oder in der Turnhalle
Dauer: kurz 10–20 min
Material: 1 Gymnastikstab (oder Stock à ca. 1 m Länge) pro Mitspieler

Durchführung:

- Die Mitspieler stellen sich im Abstand von jeweils ca. 1 Meter zu den Nachbarn im Kreis auf.
- Jeder erhält einen Gymnastikstab, stellt ihn senkrecht vor sich hin und hält ihn oben mit der rechten Hand fest.
- Die Gruppe hat zur Aufgabe, dass jeder Mitspieler seinen eigenen Stab loslässt, einen Platz weiter nach links geht, dort den Stab seines linken Nachbarn mit der rechten Hand erfasst und danach weiter zum nächsten Stab geht usw.
- In einer kurzen Beratungszeit sollen die Mitspieler miteinander überlegen, wie sie die Aufgabe in einem vom Spielleiter festgelegten Zeitrahmen (von 5 bis 10 Minuten) am besten umsetzen können (z. B. einer übernimmt die Leitung) und wie viele Platzwechsel sie wohl schaffen können, ohne dass ein Stab umfällt oder jemand die linke Hand zum Festhalten des Stabes einsetzt.
- Sobald bei der Durchführung ein Fehler auftritt, beginnt die Zählung der Platzwechsel durch den Spielleiter wieder von vorn.

Varianten:

- Im Wald: Jeder Teilnehmer sucht sich einen geraden Stock (à ca. 1 m Länge und 3–5 cm ∅).
- Alle dürfen nur die linke Hand benutzen und müssen sich entgegen dem Uhrzeigersinn bewegen.

Blinde Schatzsuche

Erlebnisparcours

Piraten sind auf der Suche nach einem Schatz.
Endlich haben sie die Insel gefunden und wähnen sich in der Nähe des Ziels.
Doch unwägbares Gelände liegt vor ihnen.
Sie machen sich auf den Weg, auch wenn die Nacht bald hereinbricht ...

Ziele: ein gemeinsames Vorhaben genau planen und umsetzen, sich aufeinander verlassen
Ort: lichte Waldfläche (à 40 m × 80 m)
Dauer: lang 45–60 min
Material: eine Augenbinde pro Person, Absperrband (oder Seil) à 40 m Länge, Ball oder Tuch (als Schatz)

Vorbereitung:

- Das Spielfeld wird durch Absperrband in zwei ungefähr gleich große Sektoren (à 40 m × 40 m) unterteilt.
- Auf der einen Spielfeldhälfte befindet sich der Startpunkt (ca. 30 Meter von der Absperrung entfernt).
- In der anderen Hälfte wird der Schatz (ebenfalls ca. 30 Meter von der Absperrung entfernt) sichtbar in einer Höhe von einem Meter platziert.

Durchführung:

Planungsphase:

- Die Gruppe hat maximal 20 Minuten Zeit, ihren Weg vom Start bis zum Schatz, den sie in der Durchführungsphase blind bewältigen soll, zu planen.
- Während der Planungsphase darf sie nur die vordere Spielfeldhälfte betreten, in der sich der Startpunkt befindet.
- Dabei dürfen natürliche Materialien des Waldes so eingesetzt werden, dass sie später in der Durchführungsphase als Orientierungshilfe dienen können.
- Die Spielfeldhälfte mit dem Schatz darf während der Planungsphase nicht betreten, sondern nur mit den Augen erkundet werden.

Durchführungsphase:

- Die Teilnehmer stellen sich am Startpunkt auf und legen ihre Augenbinden an. Der Spielleiter beseitigt die Absperrung zwischen den beiden Sektoren.
- Die „blinde" Gruppe macht sich nun auf den Weg zum Schatz. Hat jeder Teilnehmer den Schatz berührt, ist die Aufgabe vollbracht.

Blinde Waldarbeiter

Erlebnisparcours

Trapper fällen in den Rocky Mountains Bäume, um daraus ein Blockhaus zu bauen. Dazu müssen sie lange Stämme mit bloßer Muskelkraft aus dem Wald an den Fluss befördern. Plötzlich umgibt die Trapper dichter Nebel. Doch sie müssen weiter zum Fluss, möglichst bevor die Nacht hereinbricht, in der sie sonst schutzlos den wilden Tieren ausgeliefert wären ...

Ziele:	ein gemeinsames Vorhaben planen und umsetzen, sich gegenseitig vertrauen und verständigen
Ort:	Wald
Dauer:	mittel 35–45 min
Material:	Säge, Astschere, Seil à 50 m Länge, 12 Pylonen (Markierungskegel), 10 Hula-Hoop-Reifen, Zollstock, eine Augenbinde pro Person

Vorbereitung:

- Der Spielleiter kennzeichnet im Vorfeld zwei 70 bis 100 Meter voneinander entfernt stehende Bäume als Start und Ziel.
- Nachdem der Spielleiter die Aufgabenstellung erläutert hat, sucht die Gruppe im Wald einen herumliegenden Baum oder Ast (à maximal 4 m Länge), den sie ohne große Anstrengung als Gruppe tragen kann. Um ihn leichter transportieren zu können, kann der Baum zuvor mit Säge und Astschere bearbeitet werden.

Durchführung:

- **Planungsphase (15 min):** Die Gruppe plant den Weg vom Start zum Ziel, über den sie später blind den Baum transportieren muss. Ihr stehen dazu alle natürlichen Materialien des Waldes, das Seil, die Pylonen und die Hula-Hoop-Reifen zur Verfügung.
- **Durchführungsphase (20 bis 30 min):** Die Gruppenmitglieder stehen hinter dem Startbaum, legen die Augenbinden an und heben den 4-Meter-Baum an. Dann machen sie sich auf den Weg zum Ziel.
- Dabei müssen sie immer im Kontakt zum Baum bleiben.
- Die Aufgabe ist bewältigt, wenn alle den Zielbaum berührt haben.

Varianten:

- Die Teilnehmer dürfen neben dem vorgegebenen Materialpool maximal zehn weitere Materialien aus dem Wald verwenden.
- Statt des Baumes kann auch ein dickeres Seil als Transportgegenstand eingesetzt werden.

Dschungel-Camp

Erlebnisparcours

Die Teilnehmer eines Fluges sitzen nach der Notlandung der Maschine – zum Glück unversehrt – im Dschungel fest. Jetzt heißt es, nicht aufzugeben und durch Dickichte hindurch und über Schluchten hinweg zurück in die Zivilisation zu gelangen ...

Ziele: sich aufeinander verlassen und gegenseitig unterstützen, ein Vorhaben gemeinsam planen und umsetzen
Ort: im Wald
Dauer: lang 60–80 min
Material: Tau (à 4 cm ∅ und 15 m Länge), Seil (à 5 m Länge), Verpackungskordel (à 100 m Länge), breites Paketklebeband, ein Kleiderhaken, ein Hula-Hoop-Reifen, 12 Pylonen (Markierungskegel), Getränke

Vorbereitung:

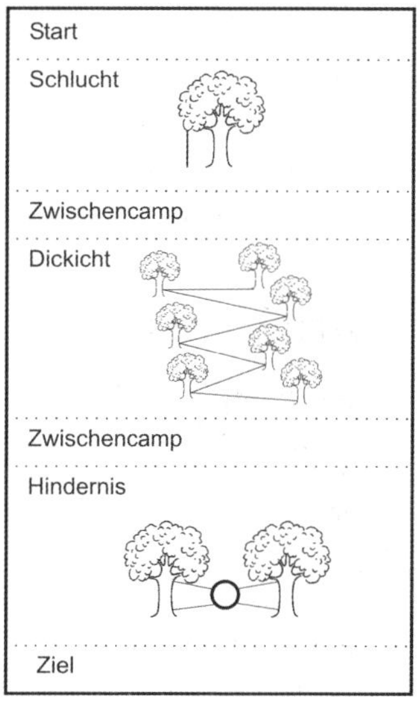

Die einzelnen Spielstationen werden eingerichtet (siehe Skizze) und jeweils mit zwei Pylonen voneinander abgegrenzt.

- **Startfeld:** Hier werden das Seil und der Kleiderhaken deponiert.
- **Schlucht:** An einem starken Ast wird das eine Ende des langen Taus befestigt, das andere wird ins Startfeld gelegt. Die Schlucht sollte drei bis fünf Meter breit sein.
- **Zwischencamp:** Hier halten sich diejenigen auf, die gerade nicht in Aktion sind.
- **Dickicht:** 90 Meter Verpackungskordel wird in einer Höhe von 0,5 Metern kreuz und quer zwischen Bäume gespannt.
- **Zwischencamp:** s. o.
- **Hindernis:** Zwischen zwei Bäumen wird ein Hula-Hoop-Reifen mit der restlichen Verpackungskordel auf einer Höhe von ca. einem Meter (Abstand zwischen Boden und unterem Ende des Rings) aufgehängt (siehe Skizze).
- **Ziel:** Getränke werden bereitgestellt.

Durchführung:

- Die Teilnehmer finden sich zunächst an der **Startlinie** ein.
- **Schlucht:** Jeder Teilnehmer soll sich (ohne Hilfe der anderen) am Tau über die „Schlucht" schwingen. Ist das Tau vom Startfeld aus nicht mehr mit der Hand zu fassen, muss es mithilfe von Seil und Kleiderhaken zurückgeangelt werden.
- **Dickicht:** Jeweils zwei Personen stellen sich nebeneinander, werden an den beiden sich berührenden Beinen mithilfe von Klebeband miteinander verbunden und müssen so gemeinsam durch das „Dickicht" (unter den Seilen hindurch) kriechen.
- **Hindernis:** Jeder Teilnehmer wird vorsichtig durch den Hula-Hoop-Reifen gehoben.
- Im Parcours müssen folgende **Regeln** befolgt werden:
  1. Während der gesamten Durchführungsphase darf weder getrunken noch gegessen werden.
  2. Jede Aktion soll in der Gruppe geplant werden.
  3. In der „Schlucht" darf der Boden nicht berührt werden.
  4. Die Mitspieler dürfen durch das „Hindernis" (den Hula-Hoop-Reifen) aus Sicherheitsgründen nur mit nach unten ausgerichtetem Gesicht gehoben werden, damit sie sich, sollten sie zu Boden fallen, mit den Händen abfangen können.
- Nachdem den Mitspielern die einzelnen Stationen und Aufgaben vorgestellt wurden, legen sie gemeinsam mit dem Spielleiter fest, welche Sanktionen für Fehler angemessen sind.

Expedition

Erlebnisparcours

Archäologen brechen auf, um eine geheimnisvolle Höhle zu erkunden. Dort entdecken sie uralte Tonscherben, die sie in ihrem Camp akribisch zusammenzusetzen wollen. Doch auf dem Rückweg müssen sie mit ihrem empfindlichen Fund wieder den Fluss überqueren und über einen gerade umgestürzten Baum klettern.

Ziele: ein gemeinsames Vorhaben planen und umsetzen, sich aufeinander verlassen, sich gegenseitig unterstützen, Geschicklichkeit trainieren
Ort: Wald (möglichst mit ca. 4 m breitem Bach)
Dauer: lang 65–85 min
Material: 2 große alte Tonblumentöpfe, Klebstoff, 4 leere Getränkekisten, 4 Pylonen (nur falls kein natürlicher Bach vorhanden ist!), elastisches Seil à 10 m Länge (falls kein umgestürzter Baum vorhanden ist!);
pro 2er-Team: 2 Seile à 5 m Länge, 4 Wäscheklammern, Stofftaschentuch

Vorbereitung:

- Die zwei Blumentöpfe werden so zertrümmert, dass man insgesamt 30 bis 60 Ton-Scherben erhält.
- Dann wird der **Parcours** aufgebaut (siehe Skizze):
  1. **Camp:** Hier stehen die vier leeren Getränkekisten, der Klebstoff und die Materialien für jedes 2er-Team (s. o.) bereit.
  2. **Fluss:** Ist kein natürlicher Bach vorhanden, werden die „Fluss"-Ufer jeweils durch zwei Pylonen symbolisiert.
  3. **Höhle:** Hier liegen die Tonscherben.
  4. **Fluss:** s. o.
  5. **Umgestürzter Baum:** Falls kein umgestürzter Baum im Wald liegt, wird zwischen zwei Bäumen als Hindernis ein elastisches Seil auf einer Höhe von ca. 1,2 Metern befestigt.
  6. **Camp:** s. o.

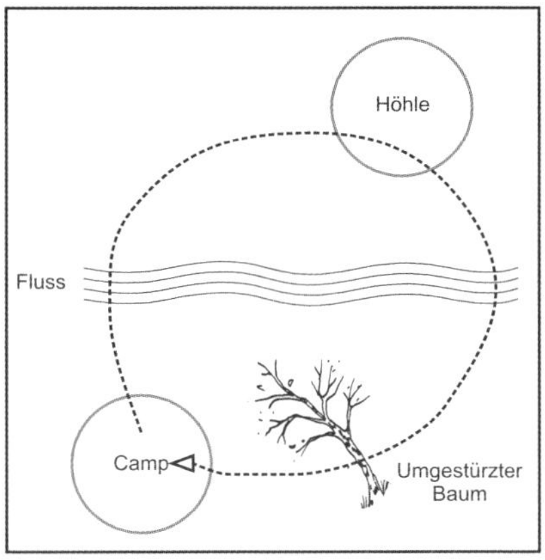

Durchführung:

Alle Teilnehmer müssen vom Camp aus über den „Fluss" zur „Höhle" gelangen, dort die Scherben einsammeln und damit „Fluss" und „umgestürzten Baum" überquerend zurück zum Camp gelangen, wo diese mit Klebstoff wieder zusammengesetzt werden. Dabei gelten folgende **Regeln**:

1. Jede Aktion muss in der Gruppe geplant werden.
2. **Fluss:** Die Teilnehmer dürfen nur Gegenstände aus dem Camp zur Überquerung des „Flusses" nutzen, dabei dürfen sie keinesfalls mit der Wasseroberfläche in Berührung kommen.
3. Die **Scherben** dürfen nur mit einer Klammer berührt werden (auch beim Zusammenkleben im Camp).
4. **Transport:** Da die Scherben sehr zerbrechlich sind, müssen sie jeweils von zwei Personen auf einer speziellen Tragevorrichtung (einem Taschentuch, das mit vier Klammern an Seilen befestigt ist) befördert werden. Höchstens zwei Scherben dürfen so gleichzeitig auf einem Taschentuch transportiert werden.
5. **Hindernis:** Sowohl die Teilnehmer als auch die Scherben müssen über das Hindernis gelangen, ohne damit in Berührung zu kommen. Wenn eine Person über das Hindernis gehoben wird, muss ihr Gesicht aus Sicherheitsgründen nach unten zeigen, damit sie sich, falls sie zu Boden fallen sollte, mit ihren Händen abfangen kann.
6. Im **Camp** werden die Tonscherben wieder mithilfe des Klebstoffs zusammengefügt. Dabei soll jeder Teilnehmer beteiligt sein und seine Scherbe selber einsetzen. Die Aufgabe ist erledigt, wenn die Blumentöpfe wieder zusammengesetzt worden sind.

Menschenkette

Eine Krankenstation in Afrika soll von einer Quelle aus mit Wasser versorgt werden. Dabei gilt es, einen Sumpf und eine Schlucht zu überqueren. Eigentlich ein aussichtsloses Unterfangen, doch die Entwicklungshelfer wissen, dass Menschenleben davon abhängen ...

Ziele: ein gemeinsames Vorhaben genau planen und umsetzen, sich aufeinander verlassen, sich gegenseitig unterstützen
Ort: Wald- oder Wiese mit zwei Bäumen (im Abstand von ca. 5 m)
Dauer: lang 60–90 min
Material: 20 Plastikbecher, 20 Teppichstücke (oder Holzbretter) à 30 cm × 15 cm, ein 5-Liter-Eimer mit Henkel, 2 Seile à 10 m Länge, 4 zusammensteckbare Hula-Hoop-Reifen, ein 10-Liter-Eimer, ein Kanister mit 15 l Wasser, 12 Pylonen (bzw. Absperrband)

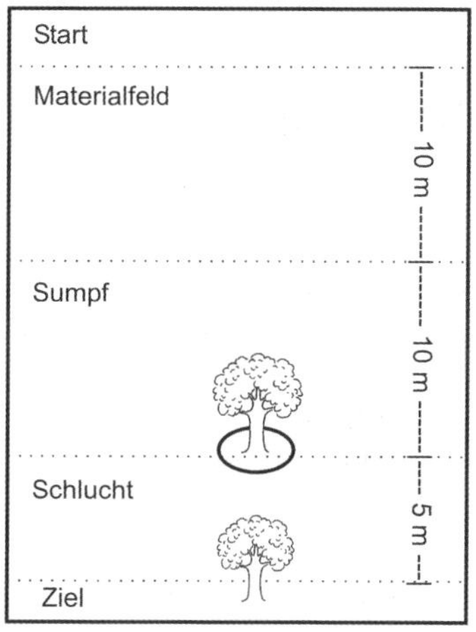

Vorbereitung:

Das Spielfeld wird mit Pylonen (oder Absperrband) in die einzelnen Sektoren unterteilt (siehe Skizze). Ins **Startfeld** wird der Kanister mit Wasser gestellt. In das **Materialfeld** werden die Plastikbecher, Teppichstücke, Seile und der 5-Liter-Eimer an beliebigen Stellen auf dem Boden verteilt. Am Ende des „**Sumpf**gebiets" wird der Ring aus den vier zusammengesteckten Hula-Hoop-Reifen um einen Baum gelegt. Die **„Schlucht"** liegt zwischen zwei Bäumen, die ca. 5 Meter voneinander entfernt stehen. Im **Ziel**bereich steht der 10-Liter-Eimer bereit.

Durchführung:

- Die Gruppe hat die Aufgabe, 10 Liter Wasser aus dem Wasserkanister im Startfeld zum 10-Liter-Eimer im Zielfeld zu transportieren.
- Die Gruppe überlegt sich zunächst eine Strategie, wie sie unter Einhaltung der Regeln (s. u.) die Aufgabe lösen kann. Dann beginnt sie mit der Aktion. Für jeden Fehler wird der Gruppe ein Plastikbecher abgenommen. Die **Regeln** lauten:
  1. Wer einen mit Wasser gefüllten **Becher** hält, darf sich erst wieder von der Stelle bewegen, wenn er den Becher an andere weitergereicht hat.
  2. **Startfeld:** Die Gruppe kann sich hier frei bewegen. Der **Wasserkanister** darf das **Start**feld nicht verlassen.
  3. **Materialfeld:** Das Materialfeld darf durch eine ununterbrochene Menschenkette, die durch mindestens eine Person immer Kontakt zum Startfeld haben muss, betreten werden. Einzelne Gruppenmitglieder dagegen dürfen keinen direkten Bodenkontakt haben, sondern müssen sich hier über **Teppichstücke** bewegen. Die verstreuten Materialien dürfen aufgehoben und für die Aktion genutzt werden.
  4. In **Materialfeld und Sumpf** (Ausnahme: Hula-Hoop-Insel) darf der **5-Liter-Eimer** nur ohne Wasser stehen oder bewegt werden.
  5. **Sumpf:** Nur über Teppichstücke kann der Sumpf „trockenen Fußes" überquert werden. Der große Hula-Hoop-Ring dagegen ist eine Insel, auf der sich die Teilnehmer normal (ohne Hilfsmittel) bewegen können.
  6. **Schlucht:** Nur eine einzige Person darf überhaupt und dann auch nur ein einziges Mal die „Schlucht" auf zwei „schwebenden" Teppichstücken in Richtung Ziel überqueren. Wasser darf sie dabei allerdings nicht transportieren.
  7. **Zielfeld:** Der 10-Liter-Eimer bleibt im Zielsektor, in dem er frei bewegt werden kann.

Nagelprobe

Erlebnisparcours

Robinson Crusoe hat bei einem Baumarkt Nägel bestellt und auf dem Anlieferungsservice bestanden. Ein Mitarbeiterteam macht sich auf den Weg, ihm die Nägel auszuliefern. Das ist nicht so einfach, da der alte Tattergreis Crusoe auch noch genaue Vorstellungen davon hat, wie die Nägel angeordnet sein sollen. Der ist doch völlig abgedreht. Aber: Der Kunde ist König ...

Ziele: sich aufeinander verlassen und gegenseitig unterstützen, ein Vorhaben gemeinsam planen und umsetzen
Ort: Wiese mit einem Baum
Dauer: lang 45–60 min
Material: Nägel à 8 cm Länge (einer pro Person und einer zusätzlich), Tau à 25 m Länge und 4 cm ∅, 12 Trittbretter (Baumscheiben à 2 cm Dicke und 15 cm ∅, quadratische Bretter oder Teppichstücke), Kennzeichnungsmaterialien (Äste, Seile, Absperrband, zusammengesteckte Hula-Hoop-Reifen o. a.), evtl. Holzklotz

Vorbereitung:

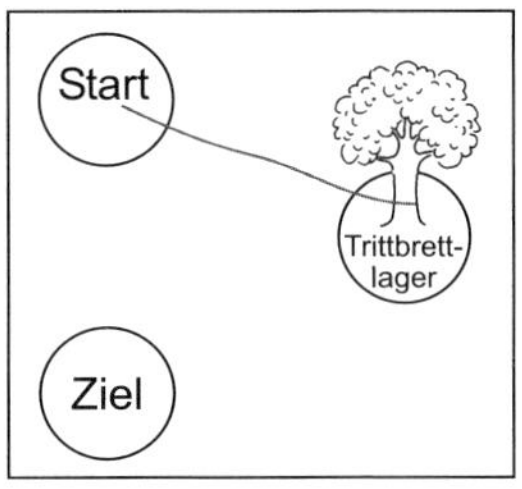

- Der Spielleiter baut den **Parcours** auf (siehe Skizze). Dazu werden die drei jeweils 10 Meter voneinander entfernt liegenden Inseln mit Kennzeichnungsmaterialien (s. o.) abgesteckt.
  1. Auf der **Startinsel** befindet sich das Nageldepot.
  2. Auf der Insel mit dem **Trittbrettlager** wird an einen Baumstamm auf einer Höhe von 1,5 Metern ein 25 Meter langes Tau befestigt, das zur Startinsel hinübergelegt wird und somit beide Inseln miteinander verbindet.
  3. Auf der **Zielinsel** wird ein Nagel senkrecht in einen Baumstumpf oder ein Holzstück geschlagen, sodass er noch 7 Zentimeter heraussteht.
- Um das Verletzungsrisiko einzudämmen, sollte sich zwischen der Start-Insel und der Insel mit dem Trittbrettlager ein weicher Wald- oder Wiesenboden (ohne Steine, Felsen, Baumstümpfe oder Baumstämme) befinden, da mindestens ein Teilnehmer sich über diese Strecke hinweg am Seil entlanghangeln muss und dabei zu Boden fallen könnte.

Durchführung:

- Die Teilnehmer sollen zunächst die Nägel von der Start- zur Zielinsel transportieren.
- Anschließend sollen die Nägel so auf dem Kopf des eingeschlagenen Nagels ablegt werden, dass sie nicht festgehalten werden müssen, um nicht herunterzufallen.
- Zunächst plant die Gruppe, wie sie zur Zielinsel – unter Einhaltung folgender **Regeln** – gelangen kann:
  1. Jeder Teilnehmer darf jeweils **nur einen** Nagel von der Start- zur Zielinsel bringen.
  2. Die **Trittbretter** dienen dazu, das „Meer" trockenen Fußes zu überqueren, denn niemand darf die Oberfläche des „Wassers" berühren.
  3. Vom Nageldepot zum Trittbrettlager darf man sich zusätzlich am **Tau** entlanghangeln.
  4. Wenn eine Person das „Wasser" berührt, müssen alle Teilnehmer wieder auf die Start-Insel zurück.

Lösungshinweis zur Positionierung der Nägel:

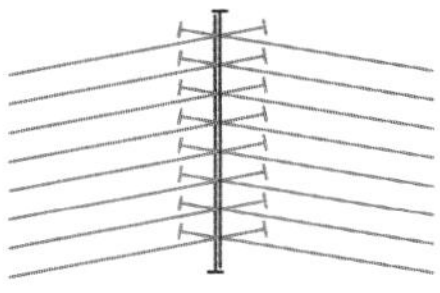

- Einen Nagel auf den Boden legen. Darauf im rechten Winkel Nägel mit der Kopfseite (1 cm überstehen lassen) im Reißverschlussverfahren anordnen. Zwischen die Nägelköpfe parallel zum unteren Nagel einen weiteren Nagel legen. Nun an den äußeren Enden der beiden querliegenden Nägel die Konstruktion nach oben ziehen und auf dem Nagelkopf am Zielpunkt ablegen.
- Die Teilnehmer können aber auch feuchte Erde als „Kleber" oder ein Haargummi als Befestigungsmaterial benutzen.

Seilparcours

Erlebnisparcours

Ein Bergsteiger wurde auf einem Gletscher so von der Sonne geblendet, dass er jetzt nur noch mithilfe des Bergführers sicher zurück ins Tal hinabsteigen kann.

Ziele: sich aufeinander verlassen können, Verantwortung übernehmen
Ort: draußen auf unterschiedlichen Böden (z. B. im Wald oder Park)
Dauer: mittel 25–35 min
Material: Seil (à 70 bis 100 m Länge und mindestens 10 mm ∅), eine Augenbinde pro Person

Vorbereitung:

- Der Spielleiter richtet einen Seilparcours mit Start und Ziel über unterschiedliche Bodenbeläge ein (z. B. Asphalt, Wiese, Waldboden, Laub, Sand). Dazu befestigt er das Seil am Parcours entlang an Bäumen, Laternenmasten, Zäunen u. Ä. in einer Höhe von 0,80 bis 1,80 Metern.
- Verletzungsrisiken (z. B. durch spitze Äste auf Augenhöhe, Scherben und scharfkantige Gegenstände auf dem Boden) sollten dabei vermieden werden.
- Jeder zweite Teilnehmer legt eine Augenbinde an und zieht, falls es Temperatur und Gelände erlauben, die Schuhe aus.

Durchführung:

- Jeder „Blinde" durchläuft mit einem sehenden Partner den Parcours, wobei er sich mit einer Hand am Seil, welches am Parcours entlangführt, orientiert.
- Die andere Hand hält er ausgestreckt vor sich und tastet sich so vorsichtig voran.
- Der sehende Partner begleitet ihn und achtet auf mögliche Gefahren. Bei Bedarf greift er schützend ein, möglichst ohne den Partner zu berühren, indem er verbale Anweisungen gibt.

Seitenwechsel

Erlebnisparcours

Ein Ort liegt auf zwei Bergen, zwischen denen sich eine tiefe Schlucht befindet. Leider ist die Brücke eingestürzt. Weil der Fluss so laut rauscht, dass jedes gesprochene Wort übertönt wird, kann über die Schlucht hinweg nicht auf normale Weise kommuniziert werden. Das jährliche Dorffest steht bevor, bei dem es Brauch ist, dass sich die Bewohner der beiden Berge gegenseitig besuchen. Die Leute versuchen daher alles, um bis dahin rasch eine neue Brücke zu bauen.

Ziele: ein gemeinsames Vorhaben genau planen und umsetzen, sich aufeinander verlassen und gegenseitig unterstützen
Ort: im Wald zwischen vier Bäumen (siehe Skizze)
Dauer: lang ca. 65 min
Material: 10 Holzlatten (à 2 cm × 5 cm × 100 cm), 11 Pylonen, Verpackungskordel à 30 m Länge, 3 Seile à 20 m Länge, 2 Notizblöcke, 2 Stifte, 2 Scheren, ein 5-Liter-Eimer, Augenbinden

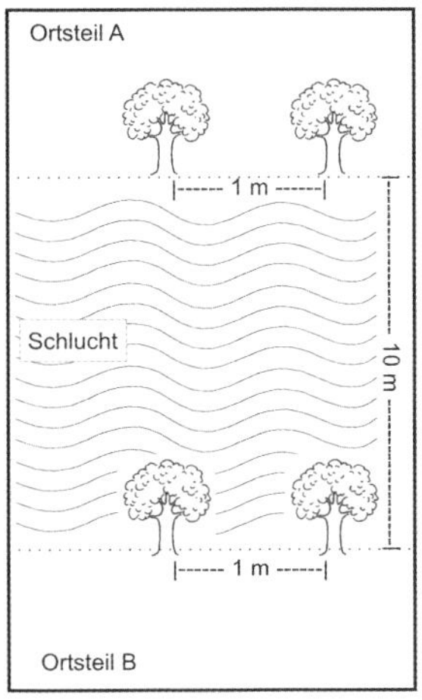

Vorbereitung:

- In einem Wald werden vier Bäume gesucht, die ähnlich wie auf der Skizze angeordnet sind.
- Über die „Schlucht" zwischen den Baumpaaren werden die drei Seile gelegt.
- Im „Ortsteil A" stehen der einen Hälfte der Gruppe (Team A) der 5-Liter-Eimer, Notizblock, Schere und Stift zur Verfügung.
- Im „Ortsteil B" sind für die andere Hälfte der Gruppe (Team B) die Holzlatten, die Verpackungskordel, Notizblock, Schere und Stift deponiert.

Durchführung:

- Die **Aufgabe** besteht darin, über die „Schlucht" eine Hängebrücke aus Holzlatten zu bauen und dann darüber die Seiten zu wechseln. Alle Bewohner des einen Ortsteils müssen sich am Ende im jeweils anderen Ortsteil aufhalten. Für die Erledigung der gesamten Aufgabe stehen 60 Minuten zur Verfügung.
- Folgenden **Regeln** müssen dabei berücksichtigt werden:
  1. Es ist nicht möglich, mündlich über die Schlucht hinweg zu kommunizieren. Deshalb müssen die beiden Teams sich zunächst ein Kommunikationssystem ausdenken.
  2. Es dürfen keine Materialien einfach über die „Schlucht" hinweg geworfen werden, da sie sonst durch einen Sog nach unten gezogen werden und verloren sind.
  3. Bevor eine Holzlatte über die „Schlucht" gelegt werden kann (die Holzlatten dürfen den Boden berühren), muss sie zuvor jeweils an ihren Enden mit Verpackungskordel an einem über die Schlucht gespannten Seilhandlauf (Höhe: ca. 1 Meter), der an zwei Bäumen befestigt ist, festgebunden werden (siehe Skizze!).
  4. Die Hängebrücke kann nur von Ortsteil A ausgehend gebaut werden.
  5. Die Seile dürfen nicht zerschnitten werden. Die Verpackungskordel dagegen schon.
  6. Wer in die „Schlucht" fällt (das Schluchtfeld berührt) muss die Übung „blind" (mit Augenbinde) beenden.
  7. Die Hängebrücke darf erst betreten werden, wenn sie fertig gebaut ist. Beim Überqueren der „Schlucht" müssen sich immer genau (!) zwei Personen (von jeder Seite eine) gleichzeitig auf der Hängebrücke befinden, um die Schwankungen auszugleichen.

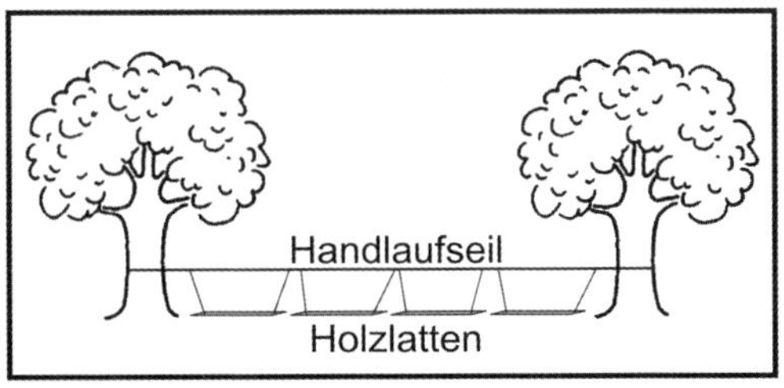

Tausendfüßler

Erlebnisparcours

Ein Tausendfüßler bahnt sich seinen Weg durch die Wildnis ...

Ziele: einander vertrauen, sich verständigen
Ort: draußen oder drinnen (z. B. in der Natur oder auf dem Schulgelände)
Dauer: kurz 15–20 min
Material: elastisches Seil à 20 m Länge und mindestens 10 mm ∅, eine Augenbinde pro Person

Vorbereitung:

Die Teilnehmer stellen sich hintereinander in einer Reihe auf und außer der Person am Kopf der Reihe legen alle Augenbinden an. Mit der rechten Hand ergreifen alle das Seil und lassen es während der gesamten Übung nicht mehr los.

Durchführung:

- Der „Kopf des Tausendfüßlers" (die sehende Person ganz vorne) führt die Gruppe langsam (!) durch einen Parcours und macht sie auf Hindernisse (wie Steine, Äste, Baumstümpfe bzw. Stufen, Laternenmasten usw.) aufmerksam.
- Die Übung sollte nicht länger als 10 Minuten dauern. In weiteren 5 bis 10 Minuten tauschen sich die Teilnehmer dann über das Erlebte aus.

Hinweis:

Die Übung hat draußen in der freien Natur mit ihren „natürlichen Hindernissen" einen besonderen Reiz, kann aber auch z. B. auf dem Schulgelände oder in einem (Schul-)Gebäude durchgeführt werden.

Variante (ohne Seil):

Dabei halten sich die Teilnehmer jeweils an den Schultern ihres Vordermannes fest.

Autogrammjäger

Kommunikation

Die Oscarverleihung steht an und der rote Teppich ist ausgerollt.
Viele Fans haben sich eingefunden, um Autogramme ihrer Lieblingsstars zu ergattern ...

Ziele: einander wahrnehmen und kennenlernen
Ort: drinnen
Dauer: kurz 10–20 min
Material: 1 Arbeitsblatt „Autogrammjäger" pro Person, Stifte

Durchführung:

- Jeder erhält ein Arbeitsblatt und liest sich die Aufgabenstellung durch.
- Jeder sucht eine Person auf, auf die eine der Aussagen auf dem Arbeitsblatt zutreffen könnte.
- Dann verliest man die entsprechende Aussage und lässt sich ggf. die Zustimmung der Person durch eine Unterschrift bestätigen. Liegt man falsch mit seiner Vermutung, erhält man keine Unterschrift.
- In beiden Fällen geht man mit einer anderen Aussage zu einer anderen Person weiter und prüft, ob diese die Aussage als zutreffend bestätigen kann oder nicht.
- Das Spiel ist zu Ende, wenn jeder Mitspieler zu allen zehn Aussagen je eine Person gefunden hat, die dies mit ihrer Unterschrift bestätigt hat. Die Unterschriften müssen also von zehn verschiedenen Personen stammen.
- Anschließend können sich die Mitspieler in einer Gesprächsrunde kurz darüber austauschen, auf wen die Aussagen jeweils zutreffen.

Autogrammjäger

Kommunikation

Die Oscarverleihung steht an und der rote Teppich ist ausgerollt. Viele Fans haben sich eingefunden, um Autogramme ihrer Lieblingsstars zu ergattern …

Aufgabe:

- Suche zu jeder der folgenden Aussagen (siehe Tabelle) jeweils eine Person, auf die diese zutreffen könnte.
- Tausche dich mit ihr aus und lass dir die Aussage, falls sie tatsächlich zutrifft, durch eine Unterschrift bestätigen.
- Suche für jede Aussage eine andere Person auf, sodass du am Schluss die Unterschriften von zehn verschiedenen Personen gesammelt hast.

Finde eine Person, die …

… die türkische Küche liebt.	… ein Haustier versorgt.
… heute Nacht schlecht geschlafen hat.	… schon einmal in Kroatien war.
… ein Tagebuch führt.	… ein Instrument spielt.
… schon einmal gezeltet hat.	… heute Morgen schon sportlich aktiv war.
… heute schon mal herzhaft gelacht hat.	… gern am Kunstunterricht teilnimmt.

Formanalyse

In der ganzen Stadt ist der Strom ausgefallen. Doch in einer kleinen Fabrikhalle wird trotz der fehlenden Beleuchtung auch in der Nacht weitergearbeitet. Ausgestanzte verschiedenfarbige Formen sind durcheinandergeraten und müssen sortiert werden, damit sie in den frühen Morgenstunden ausgeliefert werden können. Mit Konzentration und Fingerspitzengefühl geht es an die Arbeit ...

Ziele: miteinander kommunizieren, logisch kombinieren
Ort: Stuhlkreis
Dauer: kurz 15–20 min
Material: 40 Formen (8 Formen in 5 Farben), 1 Augenbinde pro Person, Briefumschlag

Vorbereitung:

Herstellung der Formen:

1. Die Kopiervorlage (siehe nächste Seite) auf 5 DIN-A4-Blätter à 120 g/m² unterschiedlicher Farbe kopieren.
2. Die Kopien einlaminieren (Stärke: mindestens 125 mic).
3. Die Formen genau ausschneiden.

Hinweis: Ähnliche Formen sind auch in stabilerer Ausführung bei der Firma METALOG training tools unter dem Namen „KommunikARTio" erwerbbar.

- Wenn jeder Mitspieler eine Karte erhält, sollten noch 1 bis 3 Karten übrig bleiben.
- So reichen z. B. 7 Formen × 5 Farben (= 35 Karten) für 32 bis 34 Mitspieler und 6 Formen × 5 Farben (= 30 Karten) für 27 bis 29 Mitspieler.

Durchführung:

- Die Mitspieler sitzen in einem Stuhlkreis und legen Augenbinden an.
- Der Spielleiter informiert die Gruppe, wie viele Formen (nur die Anzahl!) jeweils in welchen Farben im Spiel sind.
- Jeder Mitspieler erhält eine Form.
- Die überschüssigen Formen (1 bis maximal 3) hat der Spielleiter zuvor heimlich in einen Briefumschlag gesteckt.
- Die Mitspieler sollen nun gemeinsam ermitteln, um welche Formen in welchen Farben es sich dabei handelt.
- Die Farbe der eigenen Karte kann jeder Einzelne vom Spielleiter erfahren, wenn er seine Form hochhält.
- Die Form muss ertastet werden.
- Um die Formen im Briefumschlag ermitteln zu können, müssen die Mitspieler dann alle miteinander kommunizieren.

Varianten:

- **leicht** Der Spielleiter zeigt der Gruppe zunächst die verschiedenen Formen und Farben, die im Spiel vorkommen.
- **schwierig** Jeder Mitspieler erhält (statt einer) zwei Karten.

Formanalyse

Kommunikation

Formen

Gruppenstärke

Nach einer Safaritour finden sich die Abenteurer am vereinbarten Treffpunkt ein. Sind alle wieder da? Oder ist gar einer den Löwen zum Opfer gefallen? Um sicherzugehen, muss die Gruppe durchgezählt werden ...

Ziele: miteinander kommunizieren, andere wahrnehmen
Ort: Sitzkreis drinnen oder draußen
Dauer: kurz 10–20 min
Material: Augenbinden (für die Variante)

Durchführung:

- Zunächst wird die Anzahl der Mitspieler festgestellt, indem im Sitzkreis durchgezählt wird. Jeder sagt dabei seine Nummer, wenn er im Uhrzeigersinn an der Reihe ist.
- Die Aufgabe der Gruppe ist nun, sich erneut durchzuzählen, dabei aber **spezielle Regeln** einzuhalten:
  1. Es darf diesmal nicht einfach reihum oder nach der Teilnehmer- bzw. Klassenliste abgezählt werden.
  2. Jeder muss wieder **genau eine** Zahl nennen.
  3. Bei einem Fehler (z. B. eine Zahl wird mehrfach genannt oder ein Mitspieler sagt eine zweite Zahl) fängt die Gruppe wieder bei 1 an.
  4. Die Mitspieler dürfen dabei über das Durchzählen nicht kommunizieren – nicht mal über Mimik oder Gestik.

Varianten:

- Die Mitspieler legen Augenbinden an.
- Die Mitspieler dürfen jeweils nicht die Nummer des vorherigen Durchgangs wiederholen.

Hofnarr – Ritter – Bär

Kommunikation

Ein lustiger Hofnarr, ein tapferer Ritter und ein furchterregender Bär treten zu Duellen der besonderen Art an ...

Ziele: miteinander kommunizieren, andere wahrnehmen
Ort: drinnen oder draußen
Dauer: kurz 10–15 min
Material: –

Vorbereitung:

- Der Spielleiter erinnert zunächst an das bekannte Kinderspiel „Schnick – Schnack – Schnuck" mit den Symbolen: Schere, Stein, Papier oder Brunnen. Dieses soll nun zu einem Gruppenspiel mit bestimmten Figuren umgewandelt werden.
- Zunächst werden die Figuren eingeübt, da zu jeder Figur bestimmte Bewegungen und Geräusche gehören.
  1. Der **Hofnarr** macht mit einem fröhlichen Gesichtsausdruck einen Schritt nach vorn, winkelt die Arme an, dreht die Hände locker hin und her und lacht: „Hahaha!".
  2. Der **Ritter** macht einen Schritt nach vorn, hält mit beiden Händen ein (gedachtes) Schwert über dem Kopf, schlägt es nach unten und schreit laut mit ernstem Gesicht ein kurzes: „Ha!".
  3. Der **Bär** macht einen Schritt nach vorn, streckt beide Pranken nach oben, zeigt seine Krallen und brüllt mit weit aufgerissener „Schnauze": „Huaaaah!".
- Die Klasse wird in zwei gleich große Teams geteilt, die sich gegenüber in zwei Reihen mit einem Abstand von 1,5 m aufstellen, sodass die Teams sich gegenseitig anschauen können.

Durchführung:

- Die Teams besprechen in Bienenkorbgesprächen (siehe dazu S. 14) untereinander, welche Figur sie darstellen wollen.
- Hat ein Team sich auf eine Figur geeinigt, stellt es sich wieder als Reihe auf.
- Wenn beide Teams Aufstellung bezogen haben, stellen alle Mitspieler auf Kommando des Spielleiters zeitgleich ihre Figuren dar.
- Wer die Spielrunde gewonnen hat, bekommt einen Punkt.
- Dabei gilt: Der **Hofnarr besiegt** den **Ritter** beim Schachspielen, der **Ritter tötet** mit seinem Schwert den **Bären** und der **Bär frisst** den **Hofnarren**.
- Stellen beide Teams die gleiche Figur dar, bekommt niemand einen Punkt.
- Man kann bis zu einer festgelegten Punktzahl spielen oder solange beide Teams motiviert sind.

Im Nebel verirrt

Die fidelen Wandervögel wandern durch die Alpen.
Jeder hat sein eigenes Tempo, sodass sie schon nach kurzer Zeit weit verstreut sind.
Plötzlich zieht dichter Nebel auf, deshalb versuchen die Wandervögel rasch wieder zusammenzufinden ...

Ziele: sich verständigen, Vertrauen einüben, aufeinander Rücksicht nehmen
Ort: Gelände à ca. 20 × 30 m (auf der Wiese, im Wald oder in der Turnhalle)
Dauer: kurz 15–20 min
Material: 1 Augenbinde pro Person

Durchführung:

- Zunächst bildet die Gruppe einen Kreis und stellt die Anzahl der Mitspieler fest.
- Anschließend legen alle Augenbinden an und werden dann vom Spielleiter auf dem Gelände verteilt.
- Die Mitspieler haben nun die Aufgabe, wieder als komplette Gruppe zueinanderzufinden und Hand in Hand eine große Kette zu bilden.
- Dafür kann ein Zeitlimit gesetzt werden (z. B. 5 bis 10 min).

Hinweis:

Bei der Auswahl des Geländes sollte darauf geachtet werden, dass Verletzungsrisiken (durch spitze Äste auf Augenhöhe, scharfkantige Gegenstände auf dem Boden, abschüssige Abhänge etc.) sehr unwahrscheinlich sind.

Kooperatives Gedächtnis

Marsmännchen belagern die Stadt Mainz.
Sie sammeln alles ein, was ihnen irgendwie interessant erscheint, um es mit auf den Mars zu nehmen.
Doch der Karnevalpräsident hat einen guten Draht zu den Marsmännchen und erreicht mit viel Verhandlungsgeschick, dass die Menschen alle Dinge wieder zurückbekommen, die sie aus ihrem Gedächtnis aufzählen können.
Das ist allerdings schwieriger als gedacht ...

Ziele: miteinander reden, sich konzentrieren, das Gedächtnis trainieren
Ort: drinnen oder draußen
Dauer: kurz 10–20 min
Material: Gewebeplane à 4 m × 5 m, 50–100 unterschiedliche Gegenstände, die sich ruhig auch ähneln dürfen (z. B. Bälle, Geschirr, Spielzeug, Schreibutensilien, Material aus kooperativen Übungen, Werkzeug u. a. Alltagsgegenstände)

Vorbereitung:

- Auf ein Feld à 4 m × 5 m werden vom Spielleiter die unterschiedlichsten Gegenstände (2 bis 4 pro Mitspieler) gelegt und mit einer Gewebeplane verdeckt, ohne dass die Mitspieler das mitbekommen dürfen.
- Die Anzahl der Gegenstände richtet sich dabei nach der Gruppengröße und dem Alter der Teilnehmer (z. B. 5. Klasse: 50 Gegenstände; 6. Klasse: 60 Gegenstände; ... 10. Klasse: 100 Gegenstände).

Durchführung:

- Aufgabe der Gruppe ist es, sich in 1 Minute alle Gegenstände unter der Plane zu merken, um sie anschließend vollständig aufzählen zu können.
- Die Mitspieler haben 3 Minuten Beratungszeit, um zu beratschlagen, wie sie die Aufgabe als Gruppe am besten lösen können.
- Dann werden die Gegenstände für 1 Minute auf- und anschließend wieder zugedeckt.
- Nun benennen die Mitspieler die Gegenstände nach und nach und der Spielleiter holt die entsprechenden Gegenstände unter der Plane hervor (oder hakt sie auf seiner Liste ab).
- Die Gewebeplane wird zum Schluss weggenommen, um festzustellen, ob bzw. welche Gegenstände „vergessen" wurden.

Variante:

- Die Mitspieler werden in mehrere Teams eingeteilt.
- Die Gegenstände, welche sich die Teams gemerkt haben, werden nicht aufgezählt, sondern innerhalb von 5 Minuten möglichst vollständig aufgelistet.
- Anschließend holt der Spielleiter einen Gegenstand nach dem anderen unter der Gewebeplane hervor und jedes Team hakt die entsprechenden Gegenstände auf seiner Liste ab.
- Wer sich die meisten Gegenstände (je 1 Pluspunkt) gemerkt und die wenigsten Falschnennungen (jeweils 2 Minuspunkte) hat, ist Sieger.

Namensball

Kommunikation

Im Land der positiven Eigenschaften hat der König ein neues Gesetz erlassen, dass jeder Bürger seinen Vornamen mit einem Namenszusatz versehen muss. Beim legendären Ballwurfspiel im Rahmen der alljährlichen Volksversammlung will der König die neuen Namen seiner Untertanen erfahren ...

Ziele: sich gegenseitig kennenlernen, miteinander positiv kommunizieren, das Selbstwertgefühl stärken
Ort: Stehkreis drinnen oder draußen
Dauer: mittel 20–25 min
Material: Tennisball, Stoppuhr, Blatt „Positive Eigenschaften" (siehe nächste Seite)

Durchführung:

Phase 1 (5 min):
Der Spielleiter stellt sich mit Namen vor und fordert die Mitspieler auf, positive Eigenschaften (Adjektive) zu nennen, die mit dem Anfangsbuchstaben seines Vornamens beginnen. Danach wählt er eine auf ihn selbst zutreffende Eigenschaft aus.

Phase 2 (5 min):
Die Mitspieler sollen in Dreiergruppen positive Eigenschaften suchen, die jeweils mit dem Anfangsbuchstaben ihrer Vornamen beginnen (z. B. Thomas – toll, turbostark etc.). Jeder wählt dann daraus für sich eine positive Eigenschaft aus, die ihn besonders auszeichnet. Falls nötig gibt der Spielleiter Tipps (siehe folgende Seite mit „positiven Eigenschaften").

Phase 3 (ca. 10–15 min):
- Die Mitspieler stellen sich im Kreis auf.
- Der Spielleiter hat einen Tennisball in der Hand und stellt sich – bei Nennung seiner Eigenschaft – vor (z. B. „Ich bin der tolle Thomas"). Dabei wirft er den Ball einem anderen Mitspieler zu.
- Dieser fängt den Ball und wiederholt die Vorstellung des Vorgängers als Du-Botschaft („Du bist der tolle Thomas").
- Anschließend stellt er sich selbst vor (z. B. „Und ich bin der mutige Max.") und wirft dann den Ball zu einem weiteren Mitspieler.
- Dieser wiederholt nur die Vorstellung seines direkten Vorgängers in Form einer Du-Botschaft und stellt sich selbst vor usw.
- Der Tennisball „wandert" so lange durch die Gruppe, bis alle genau ein Mal (!) an der Reihe waren und der Ball wieder am Ausgangspunkt angekommen ist.
- Hilfreich ist es, wenn diejenigen, die schon an der Reihe waren, ihre Arme vor der Brust verschränken.
- Wichtig ist, dass jeder sich die Person merkt, der er den Ball zugeworfen hat, denn in der zweiten Runde muss der Ball in der gleichen Reihenfolge durch die Gruppe „wandern" und die Zeit wird gestoppt.
- Von Runde zu Runde kann die Gruppe versuchen, ihre Zeit zu verbessern.

Hinweis:

Der Spielleiter sollte schon am Anfang darauf hinweisen, dass die Nennung negativer oder sexistisch gefärbter Eigenschaften nicht erwünscht ist.

Positive Eigenschaften

Kommunikation

A aktiv, anständig, artig, attraktiv, aufgeschlossen. aufmerksam, aufrichtig, ausgeglichen, authentisch

B bärenstark, bedeutend, begabt, begeisterungsfähig, beliebt, besonnen, bewegungsfreudig, bewundernswert, bodenständig, brav

C charakterfest, charismatisch, charmant, christlich, clever, cool, couragiert

D demütig, denkfähig, dezent, diszipliniert, duldsam, dünn, dynamisch

E ehrlich, eigenständig, einfühlsam, einmalig, eloquent, engagiert, erfahren, erfolgreich, erfrischend, ernst, erwartungsvoll

F fabelhaft, facettenreich, fantasievoll, fröhlich, fantastisch, flexibel, feinfühlig, flink, fortschrittlich, freundlich, friedlich, fürsorglich

G gebildet, geduldig, gemütlich, genial, gepflegt, gerecht, gesellig, gesprächig, gewissenhaft, gewitzt, gläubig, großzügig, gründlich, gutmütig

H harmonisch, heldenhaft, helle, hellwach, herzlich, hilfsbereit, höflich, hübsch, human, humorvoll

I idealistisch, ideenreich, informiert, intelligent, interessant, interessiert, ironisch

J jugendlich, jung *(oder den Anfangsbuchstaben des Nachnamens verwenden)*

K kämpferisch, klug, komisch, konsequent, kontaktfreudig, korrekt, kräftig, krass, kreativ, künstlerisch

L lässig, lebendig, lebensfroh, lebenstüchtig, lebhaft, leidenschaftlich, leistungsfähig, lernfähig, lieb, liebenswürdig, liebevoll, lustig

M menschlich, mild, mitfühlend, modebewusst, modern, munter, musikalisch, muskulös, mutig

N nachdenklich, nachsichtig, natürlich, naturverbunden, nett, neugierig, niedlich, niveauvoll,

O objektiv, offenherzig, optimistisch, ordentlich, organisiert, originell

P pfiffig, pflichtbewusst, poetisch, positiv, präzise, produktiv, professionell, putzmunter

Q qualifiziert, quicklebendig, quietschvergnügt, quirlig *(oder den Anfangsbuchstaben des Nachnamens verwenden)*

R raffiniert, redegewandt, reiselustig, reizend, religiös, robust, romantisch, rücksichtsvoll, ruhig

S schlagfertig, schlank, schlau, schön, sorgfältig, sozial, spontan, sportlich, stark, sympathisch

T taktvoll, talentiert, tapfer, tatkräftig, temperamentvoll, tierlieb, tolerant, toll, treu, tüchtig

U uneigennützig, unerschrocken, ungewöhnlich, unkompliziert, unternehmungslustig, unübertrefflich, unverkrampft

V verantwortungsbewusst, verehrungswürdig, verlässlich, verständnisvoll, vertrauensvoll, vielseitig, vital, vorsichtig

W wach, wagemutig, warmherzig, willensstark, witzig, wohltätig, wohlwollend, wortgewandt, würdevoll

X *den Anfangsbuchstaben des Nachnamens verwenden*

Y *den Anfangsbuchstaben des Nachnamens verwenden*

Z zart, zärtlich, zeitgemäß, zeitlos, zielstrebig, zufrieden, zuverlässig, zuvorkommend

Sicherer Weg

Kommunikation

Yeti, der Schneemensch im Himalaja-Gebirge, hat mal wieder sein Unwesen getrieben und die dicke Eisschicht, die sich auf einem dortigen See gebildet hatte, zerstört. Jetzt bieten nur noch wenige Eisschollen eine sichere Möglichkeit, ans andere Ufer zu gelangen ...

Ziele: miteinander reden, sich gegenseitig unterstützen, sich konzentrieren
Ort: drinnen oder draußen
Dauer: mittel 20–30 min
Material: eine helle Gewebeplane (à 4 m × 5 m) mit einem Gitterfeld, 5 Kopien des Gitterplans mit eingezeichnetem Weg (siehe nächste Seite), dicker Eddingstift, Augenbinden (nur für die Variante)

Vorbereitung:

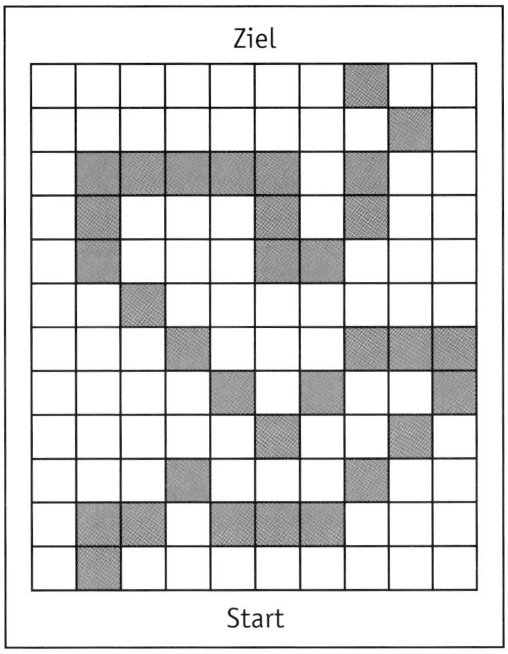

- Der Spielleiter zeichnet wie im Beispiel rechts einen Weg auf dem Gitterplan ein und kopiert ihn mehrmals für die Gruppe. Der Schwierigkeitsgrad sollte der Gruppe dabei angemessen sein.
- **Herstellung des Gitterfeldes:** Auf der Gewebeplane wird das Gitter vom Gitterplan mit dem Edding-Stift vergrößert übertragen (10 × 12 Felder à 40 cm × 40 cm Seitenlänge), ohne aber die „Eisschollen" (graue Felder) zu kennzeichnen.

Durchführung:

- Die gemeinsame Aufgabe der Gruppe ist es, den „sicheren" Weg über die „Eisschollen" zum Ziel zu finden.
- Die Gruppe erhält die fünf identischen Gitterpläne und hat fünf Minuten Zeit, sich eine Strategie auszudenken, wie sie die Aufgabe am besten lösen kann, und sich den „sicheren Weg" gemeinsam einzuprägen.
- Danach müssen die Pläne wieder abgegeben werden.
- Die Gewebeplane mit dem Gitterfeld wird auf den Boden gelegt.
- Ein Mitspieler begibt sich als Erster auf den Weg über den „See" und erhält Tipps von den anderen, wo sich die „sicheren Eisschollen" befinden.
- Dazu haben sich alle um den „See" (das Gitterfeld) versammelt, dürfen ihn aber keinesfalls betreten.
- Verlässt ein Mitspieler versehentlich den sicheren Weg über die Eisschollen, gilt das als Fehler und er muss vier Reihen auf ein sicheres Feld zurückgehen, welches vom Spielleiter angezeigt wird.
- Ist er am Ziel angelangt, folgt der nächste Mitspieler usw., bis alle ein Mal über den „See" gelaufen sind.

Variante:

Es dürfen jeweils zwei Personen über den „See" laufen, wobei die zweite eine Augenbinde trägt und blind, nur mithilfe der mündlichen Instruktionen ihres Partners (ohne Anfassen!), den sicheren Weg über die Eisschollen finden muss.

Sicherer Weg

Kommunikation

Gitterplan

Ziel

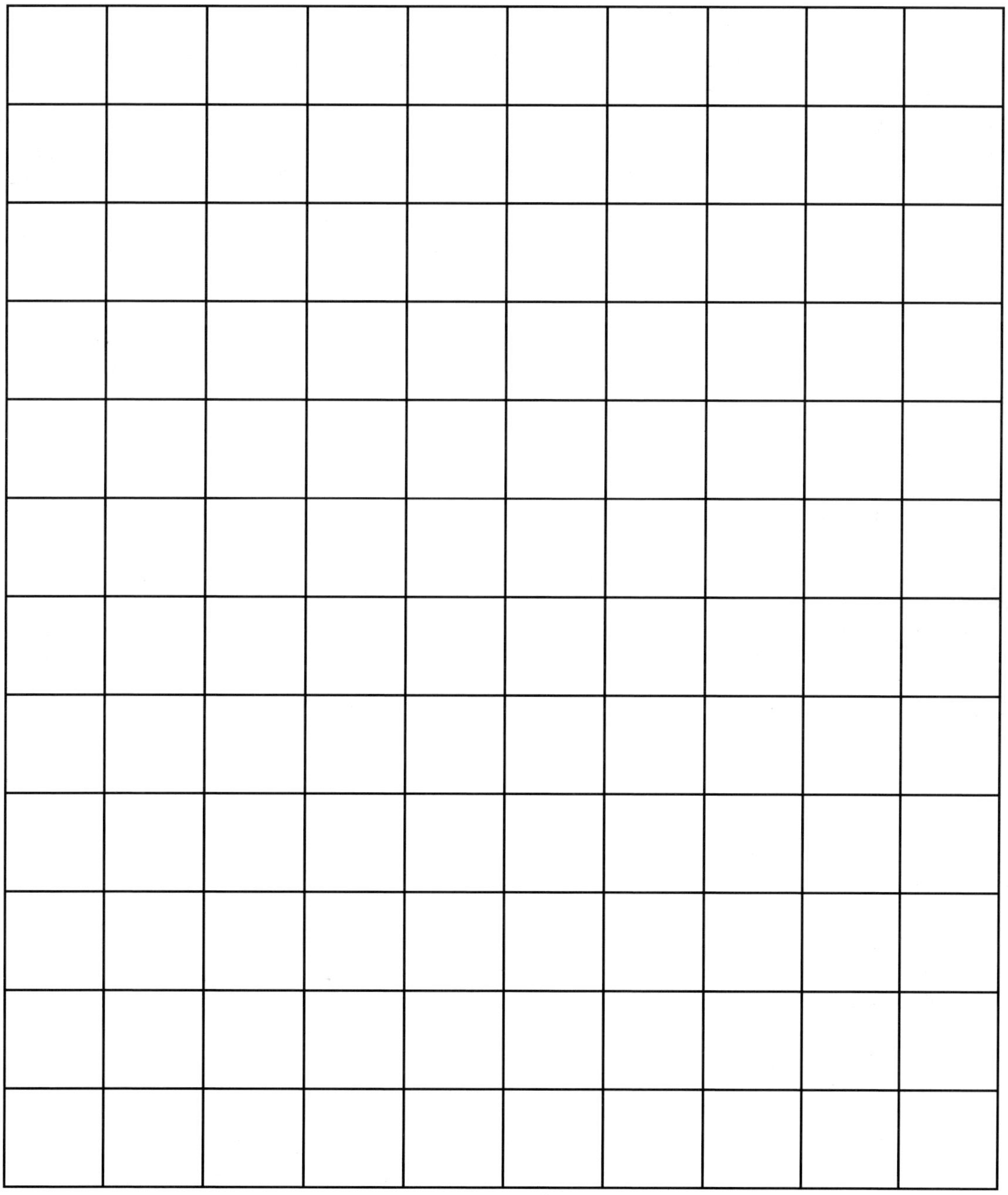

Start

Wasserprobe

Kommunikation

Nachdem Schneewittchen in den giftigen Apfel gebissen hatte, veränderte sich ihr Charakter total. Sie ärgerte und drangsalierte von nun an die sieben Zwerge, so oft sie konnte. Eines Tages schloss sie die Zwerge im Zipfelmützenschrank ein. Die Freiheit können die Gefangenen nur wiedererlangen, wenn sie eine schwierige Aufgabe lösen können.

Ziele: miteinander reden, Fantasie anregen, sich konzentrieren
Ort: drinnen (als Denksportaufgabe), draußen (mit Ausprobieren)
Dauer: kurz 10–15 min
Material: großer Eimer mit mehr als 10 l Wasser, mittelgroßer leerer Eimer mit 5-Liter-Markierung, kleiner leerer Eimer mit 3-Liter-Markierung

Durchführung:

- Die Gruppe bildet einen Sitzkreis. In der Mitte stehen die drei Eimer (s. o.)
- Die Gruppe muss innerhalb von 10 Minuten mithilfe der drei Eimer genau 4 Liter Wasser abmessen.

Lösungsschritte:

1. Zunächst 3 Liter in den kleinen Eimer füllen und dann in den mittleren Eimer umfüllen.
2. Nun den kleinen Eimer erneut bis zur Markierung befüllen und dann daraus 2 Liter in den mittleren Eimer umschütten (bis zur 5-Liter-Marke!). So verbleibt im kleinen Eimer 1 Liter Wasser.
3. Den mittleren Eimer nun leeren und das Wasser aus dem kleinen Eimer einfüllen.
4. Nun nochmals den kleinen Eimer bis zur 3-Liter-Marke füllen und dieses Wasser auch in den mittleren Eimer schütten. Das ergibt 4 Liter Wasser!

Hinweise:

- Diese Übung ist auch als Wettkampfspiel für mehrere Kleingruppen geeignet.
- Die Eimer dürfen keine weiteren Maßangaben enthalten.

Zahlen-Schubs-Puzzle

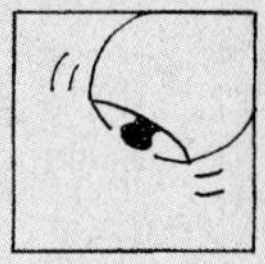

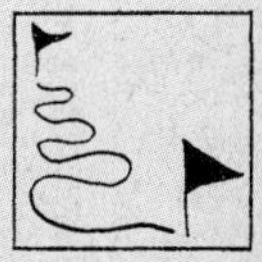

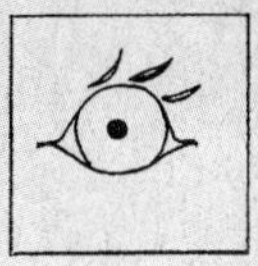

Graf Zahl hat in der Sesamstraße klammheimlich die Hausnummern vertauscht. Ernie, Bert, Grobi, Kermit, das Krümelmonster und die anderen Straßenbewohner suchen ihre Hausnummern. Das ist nicht so einfach, wie es zunächst aussieht. Da hat Graf Zahl mal wieder ganze Arbeit geleistet ...

Ziele: sich absprechen, aufeinander Rücksicht nehmen, sich konzentrieren
Ort: drinnen oder draußen
Dauer: mittel 20–30 min
Material: pro Teilnehmer: je ein Teppich- oder PVC-Stück à 20 cm × 30 cm, je eine Moderationskarte (mit aufsteigenden Nummern von 1 bis ...) und 2–3 weitere Teppich- oder PVC-Stücke à 20 cm × 30 cm

Vorbereitung:

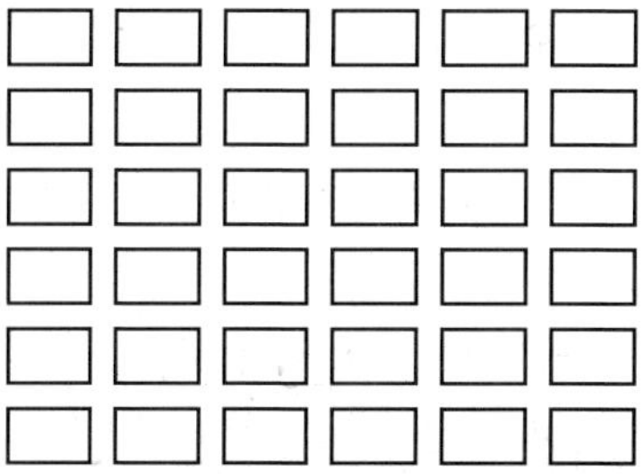

- Zunächst werden sowohl die Teppichstücke (große Zahlen auf der Unterseite!) als auch die Moderationskarten von 1 aufwärts durchnummeriert.
- Die Teppichstücke (in Teilnehmerzahl plus 2 bis 3 weitere) werden anschließend mit den Zahlen nach unten in loser Reihenfolge auf den Boden gelegt (Anordnung: siehe Skizze rechts!), ohne dass die Gruppe mitbekommt, welche Zahl sich wo befindet.
- Jeder Teilnehmer stellt sich nun auf ein Teppichstück und erhält eine Moderationskarte.

Durchführung:

- Jeder soll am Ende auf dem Teppichstück stehen, auf dessen Unterseite die gleiche Zahl wie auf seiner Moderationskarte notiert ist.
- Folgende **Regeln** sind dabei zu beachten:
  1. Nur freie Teppichstücke, auf denen keiner steht, dürfen umgedreht werden.
  2. Eine weitere Zahl darf erst aufgedeckt werden, wenn keine andere Zahl mehr offen liegt, d. h., es darf immer nur eine Zahl aufgedeckt sein.
  3. Auf einem Teppichstück darf höchstens eine Person stehen.
  4. Die Mitspieler dürfen ihre Plätze nur waagrecht oder senkrecht auf ein freies, benachbartes Teppichstück wechseln.
  5. Ein direkter Platzwechsel zwischen zwei Nachbarn ist nicht möglich.
  6. Keiner darf während der Spielphase den Boden außerhalb der Teppichstücke berühren.

Leichtere Varianten:

- Die Teilnehmer dürfen die Teppichstücke nicht nur senkrecht oder waagrecht, sondern auch diagonal wechseln.
- Der Gruppe stehen vier oder mehr freie Teppichstücke zur Verfügung (bei großen Gruppen und Gruppen mit jüngeren Mitspielern zu empfehlen!).

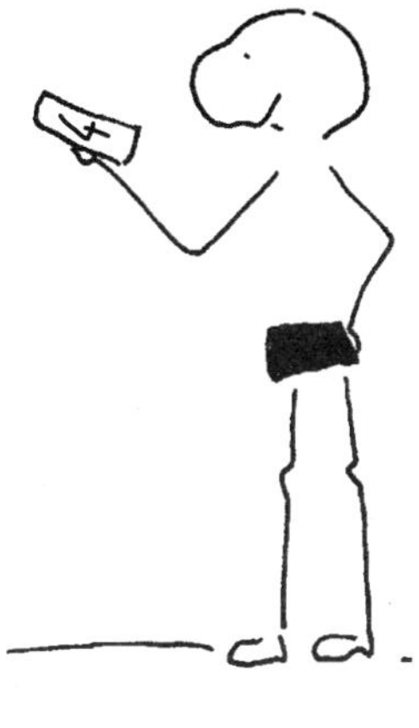

Zoo-Chaos

Kommunikation

Im Pekinger Zoo herrscht Chaos, denn die Wärter haben versehentlich die Tore der Gehege offen gelassen. Alle Tiere laufen kreuz und quer im Zoo herum. Wieder Ordnung zu schaffen wird schwierig, da der Smog über der Stadt die Sichtverhältnisse erheblich einschränkt. Doch die Tierwärter versuchen mit allen Mitteln, ihre Tiere wieder einzufangen ...

Ziele: miteinander kommunizieren, andere aufmerksam wahrnehmen, Berührungsängste abbauen
Ort: freie Fläche (à 20 m × 20 m) drinnen oder draußen
Dauer: kurz 10–15 min
Material: eine Augenbinde pro Person, Absperrband, 4 Pfosten, Tier-Memory-Spiel (oder Zettel mit Tiernamen)

Vorbereitung:

Mit Absperrband und Pfosten (Höhe: ca. 1,20 m) wird ein Feld à 20 m × 20 m abgesteckt.

Durchführung:

- Die Mitspieler verteilen sich auf dem Feld.
- Jeder erhält eine Memory-Karte (bzw. einen Zettel) und merkt sich das gezeigte Tier, ohne es den anderen zu verraten.
- Dann legt sich jeder eine Augenbinde an und tastet sich langsam und vorsichtig voran.
- Dabei gibt er entsprechende Tiergeräusche von sich, um den Partner mit der gleichen Tier-Karte zu finden.

Variante:

- Die Mitspieler legen ihre Augenbinden an.
- Dann kennzeichnet der Spielleiter jeweils zwei Mitspieler mit gleichen Merkmalen (z. B. Pylon auf dem Kopf, Schnürsenkel um den kleinen rechten Finger, Kissen in der Hand etc.).
- Nun müssen sich die Paare je nach Absprache durch Ertasten oder durch verbale Kommunikation entdecken.

Bergbahn

Konstruktion

In den Alpen sollen zwei Bergkuppen durch eine Panorama-Bergbahn verbunden werden. Die Anzahl der Bewerber für dieses Bauprojekt ist groß. Die interessierten Firmen haben nur wenig Zeit, ihre funktionstüchtigen Modelle zu konstruieren und bis zum Präsentationstermin fertigzustellen ...

Ziele: die verschiedenen Fähigkeiten der Gruppenmitglieder zur gemeinsamen Erfüllung einer Aufgabe nutzen, ein gemeinsames Vorhaben planen und umsetzen
Ort: drinnen oder draußen
Dauer: lang 60–75 min
Material: pro Team: 2 Stühle, mittelstarke Verpackungskordel à 10 m Länge, 5 DIN-A4-Blätter, ein transparenter Müllbeutel, 10 Strohhalme, 4 Schaschlikspieße, 2 Büroklammern, Klebestift, Malerklebeband à 2 m Länge, Schere, Lineal

Vorbereitung:

Die Gruppe wird in Teams von 4 bis 6 Personen eingeteilt. Jedem Team werden seine Materialien zur Verfügung gestellt (s. o.).
Schere und Lineal dienen dabei ausschließlich als Werkzeuge, die nicht in die Konstruktion eingebaut werden dürfen. Klebestift und Malerklebeband dürfen ebenfalls nur in ihrer eigentlichen Funktion (als Klebstoffe) benutzt werden.

Durchführung:

Jedes Team soll eine funktionstüchtige Bergbahn (Seilbahn mit Gondel) bauen, die den Abstand zwischen zwei Stühlen von ca. 2,50 Metern überbrücken kann.

1. **Planungsphase (5 bis 10 min):**
   Zunächst planen die Teams jeweils ihr Vorhaben, fertigen eine Skizze an und geben ihrer Konstruktion einen Namen.

2. **Konstruktionsphase (30 bis 40 min):**
   Die Teams setzen ihre Pläne in die Tat um.

3. **Präsentationsphase (ca. 10 min):**
   Die Konstruktionen werden im Plenum vorgestellt und erläutert.

4. **Erprobungsphase (ca. 10 min):**
   Die Bergbahnen werden auf ihre Tauglichkeit hin überprüft.

Brückenbau

Konstruktion

Nach einem Erdbeben ist die Brücke zwischen Kuhdorf und Ziegenberg eingestürzt. Aus herumliegenden Holzbalken soll zunächst ein Provisorium gebaut werden, das die beiden Bergdörfer wieder miteinander verbinden soll. Wie kann man aus dem vorhandenen Material solch ein Bauvorhaben verwirklichen? Da ist Köpfchen und Ideenreichtum gefragt ...

Ziele: Hand in Hand zusammenarbeiten, ein gemeinsames Vorhaben genau planen und umsetzen
Ort: an mehreren Tischen
Dauer: mittel 20–45 min
Material: 35 Holzlatten à 1 cm × 2 cm × 100 cm (oder gerade Baumäste à ca. 1 m Länge und 2–3 cm ∅)
pro Team: 20 Streichhölzer oder halbe Schaschlikspieße à ca. 10 cm Länge

Vorbereitung:

Herstellung der Holzlatten:

1. Ein gehobeltes Brett (à ca. 30 cm × 2 cm × 200 cm, mit wenigen Ästen) bekommt man günstig im Baumarkt.
2. Aus dem Brett mithilfe einer Tischkreissäge dünne Latten (à 1 cm × 2 cm × 100 cm) sägen.
3. Latten mit Astlöchern oder großen Ästen aussortieren, da diese leicht brechen.
4. Eventuell Kanten schleifen. Flächen nicht schleifen, damit sie griffig bleiben.
5. Latten mit einer dunklen Farbe lasieren, damit sie schmutzresistenter sind.

Hinweis: Das Spiel ist in ähnlicher Ausführung unter dem Namen „Leonardos Brücke" bei der Firma METALOG training tools erhältlich.

Durchführung:

- Die Gruppe soll gemeinsam aus 35 Holzlatten eine Brücke bauen, die eine Spannweite von mindestens 3,5 Metern aufweist. Nur die beiden Enden der Brücke dürfen dabei auf dem Boden aufliegen.
- In kleineren Teams versuchen die Mitspieler, ein Modell der Brücke mit den 20 langen Streichhölzern bzw. Spießen zu konstruieren.
- Hat eines der Teams einen Prototyp erstellt, stellt es ihn den anderen vor.
- Wird er als realisierbar eingeschätzt, verlassen alle ihre Team-Tische und versuchen nach diesem Modell, die große Brücke aus den langen Holzlatten zu bauen.
- Sollten die Teams keine eigenen Ideen entwickeln, kann man ihnen Tipps geben. Eine mögliche Grundkonstruktion besteht aus 6 Holzlatten:

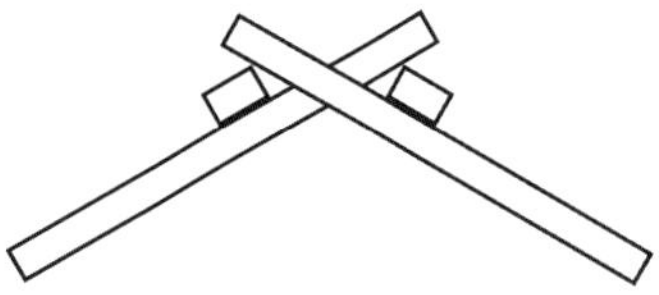

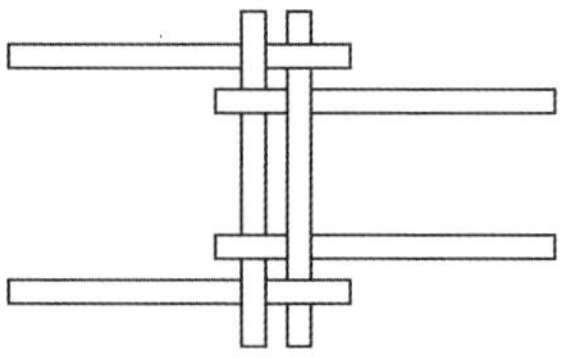

Variante:

Man kann die Aufgabe auch als Wettkampfspiel in Kleingruppen gestalten. Jede Gruppe hat dann 20 Minuten Zeit, mit den Streichhölzern oder Schaschlikspießen eine Brücke zu bauen.

Eierfall

Konstruktion

Bei einer Expedition haben Forscher ein Ei einer vom Aussterben bedrohten Tierart gefunden. Sie wollen es sicher zur Basisstation bringen und dort mit neuesten technischen Hilfsmitteln ausbrüten. Leider haben sie sich verlaufen und stehen an einem steilen Abhang. Die Zeit läuft ihnen davon und sie haben nur noch die eine Möglichkeit: das Ei sicher verpackt runter ins Tal zu werfen, damit es dort von den Kollegen aufgefangen und schnellstens in die Basisstation weitertransportiert werden kann.

Ziele: die verschiedenen Fähigkeiten der Teammitglieder zur gemeinsamen Lösung einer Aufgabe nutzen, ein gemeinsames Vorhaben planen und umsetzen
Ort: drinnen oder draußen
Dauer: lang 70–85 min
Material: pro Team: rohes Ei, 25 Strohhalme, Luftballon, 5 Zahnstocher oder Streichhölzer, Malerklebeband à 2 m Länge, 2 Scheren

---

Durchführung:

- Die Teilnehmer werden in Teams zu 4 bis 6 Personen eingeteilt.
- Jedes Team hat die Aufgabe, ein rohes Ei mithilfe der vorgegebenen Materialien so zu verpacken, dass es einen Sturz aus einem Fenster im 1. Stock überstehen kann.
- Die Eier dürfen dabei nicht in die Luftballons verpackt werden.

1. **Planungsphase (5 bis 10 min):**
   Zunächst planen die Teams ihr Vorhaben, fertigen eine Skizze an und geben ihrer Verpackung einen Namen.

2. **Konstruktionsphase (40 bis 50 min):**
   Die Teams setzen ihre Planungen in die Tat um.

3. **Präsentationsphase (ca. 10 min):**
   Die Verpackungen werden im Plenum vorgestellt und erläutert.

4. **Erprobungsphase (ca. 10 min):**
   Die Verpackungen werden auf ihre Tauglichkeit hin getestet.

Fahnenträger

Konstruktion

Die Ritterschar um Kunibert und Adalbert hat schon seit mehreren Wochen ihr Lager vor der feindlichen Burg aufgeschlagen. In der letzten Nacht haben die Feinde ihnen einen Streich gespielt. Sie haben diesen tapferen Rittern doch tatsächlich die Fahne entwendet. Was für eine Schmach! Auf schnellstem Wege muss eine neue Fahne herbei.

Ziele:	die unterschiedlichen Fähigkeiten der Teilnehmer zur gemeinsamen Lösung einer Aufgabe nutzen, ein Vorhaben gemeinsam planen und durchführen, Hand in Hand zusammenarbeiten
Ort:	auf einer Wiese
Dauer:	mittel 30–45 min
Material:	11 zusammensteckbare Hula-Hoop-Reifen (bzw. ein langes Seil), 4 Seile à 30 m Länge, Stock à 2,5 m Länge, weißer Stoff für eine Fahne, verschiedenfarbige Eddingstifte, 1 Messer, Kordel à 1 m Länge, Tisch oder Holzplatte

Vorbereitung:

Auf einer Wiese wird ein Kreis à ca. 8 m ∅ aus 10 zusammengesteckten Hula-Hoop-Reifen (oder mithilfe eines Seils) gelegt. In die Mitte des Feldes wird der übrige Hula-Hoop-Reifen positioniert.

Durchführung:

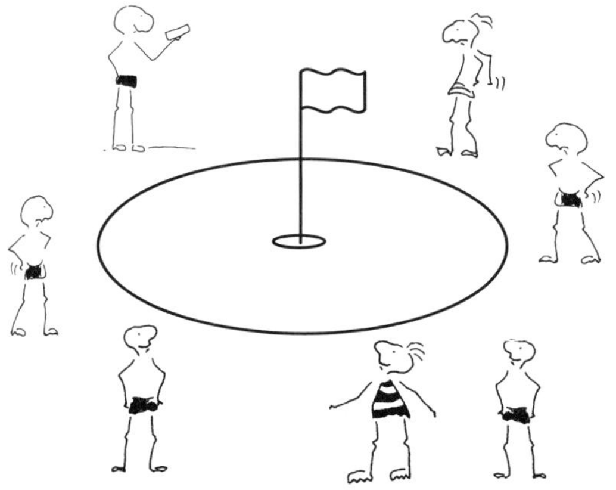

- Zunächst hat die Gruppe die kreative Aufgabe, den Stoff mit den farbigen Eddingstiften als Fahne zu gestalten. Als Malunterlage kann dazu ein Tisch oder eine Holzplatte verwendet werden.
- Danach wird eine 10-minütige **Planungsphase** eingelegt, in der die Gruppe überlegen soll, wie sie mithilfe der übrigen Materialien (mit Seilen, Stock, Messer, Kordel) die Fahne aufstellen kann.
- In der 15-minütigen **Durchführungsphase** wird sie dann mithilfe der bereitgestellten Materialien in der Mitte des Feldes (im einzelnen Hula-Hoop-Reifen) aufgestellt.
- Dabei gilt es zwei **Regeln** einzuhalten:
  1. Der große Kreis darf weder betreten noch berührt werden (auch nicht von den Materialien).
  2. Mit dem Messer dürfen nur der Stock, die Kordel und der Stoff (nicht aber die Seile!) bearbeitet werden.

Lösung:

Mithilfe der Seile, die an verschiedenen Stellen der Fahnenstange befestigt werden, können die Teilnehmer die Fahne transportieren und mit ein wenig Geschick in der Mitte aufstellen.

Himmelbett

Konstruktion

***Eine Fee erschien einem armen kleinen Mädchen.
„Ich erfülle dir einen Wunsch, mein liebes Kind", eröffnete sie ihm.
„Wenn ich endlich einmal in einem weichen und gut gepolsterten Bett schlafen könnte, wäre ich der glücklichste Mensch auf der Erde", äußerte sich darauf das kleine Mädchen.
Da übergab ihm die Fee zehn Zauberluftballons,
mit denen es überall auf der Welt ein weiches Nachtlager haben könne ...***

Ziele: gemeinsam eine Aufgabe lösen, Berührungsängste abbauen, miteinander kommunizieren
Ort: Raum mit viel Freifläche (z. B. Turnhalle oder Saal)
Dauer: kurz ca. 10 min
Material: je Team 10 Luftballons

Vorbereitung:

Die Teilnehmer werden in Teams zu jeweils 10 Personen eingeteilt. Jedes Team erhält 10 Luftballons und sucht sich eine freie Fläche.

Durchführung:

- Jedes Team soll aus den 10 Luftballons ein Bett bauen.
- Darauf soll jeweils einer aus dem Team eine Minute lang liegen, ohne mit dem Körper den Boden zu berühren.
- Währenddessen dürfen die Luftballons von niemandem festgehalten werden.

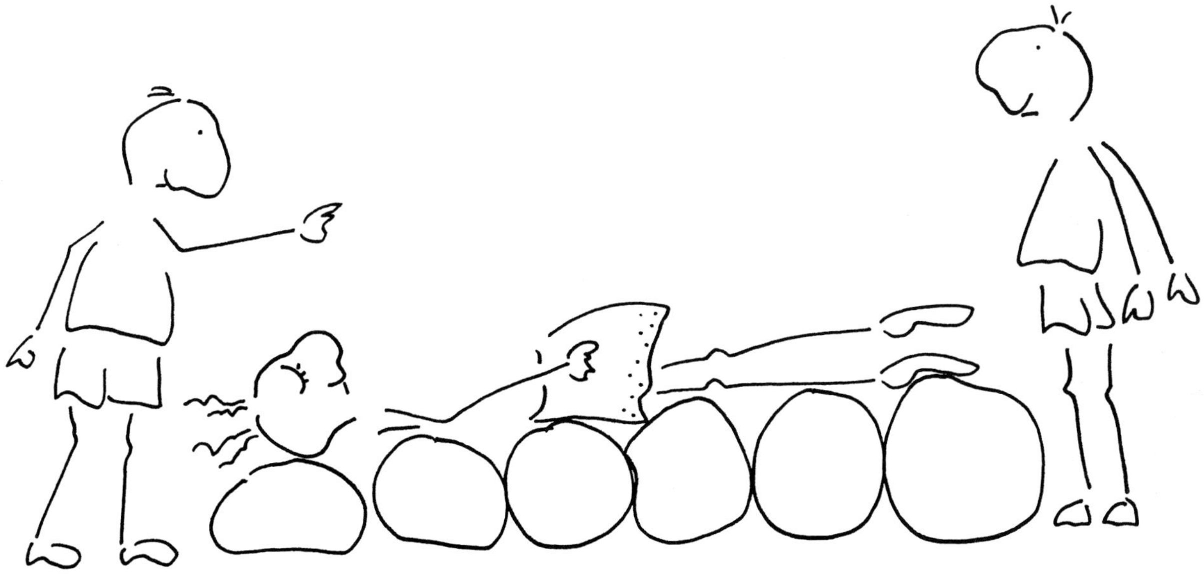

Kartonbau

Konstruktion

Die Firma Topf & Deckel arbeitet in zwei Abteilungen gemeinsam an einem Projekt. Ein Karton mit Deckel zur Verpackung quaderförmiger Schmuckkästchen aus feinstem Ebenholz soll entwickelt werden ...

Ziele:	die verschiedenen Fähigkeiten der Gruppenmitglieder zur gemeinsamen Lösung einer Aufgabe nutzen, ein gemeinsames Vorhaben planen und umsetzen
Ort:	ein separater Raum (oder ein Tisch) pro Arbeitsgruppe
Dauer:	lang 50–60 min
Material:	ein Holzquader (7 cm × 7 cm × 15 cm) als „Schmuckkästchen" pro „Firma": Projektbeschreibungen „Kartonbau", 2 DIN-A3-Blätter, 2 DIN-A4-Blätter für Notizen, 2 Bleistifte, Lineal à 30 cm Länge, Schere, Klebestift

Vorbereitung:

- Die Gruppe wird in Teams à 4 bis 8 Personen eingeteilt. Jedes Team stellt eine eigene Firma dar und wird in zwei gleich große Arbeitsgruppen eingeteilt, die in unterschiedlichen Räumen arbeiten.
- Die **Arbeitsmaterialien** werden wie folgt an die Arbeitsgruppen verteilt:
  1. **Arbeitsgruppe „Karton":** eine Projektbeschreibung „Arbeitsgruppe Karton", ein DIN-A3-Blatt, ein DIN-A4-Blatt für Notizen, Bleistift und Schere
  2. **Arbeitsgruppe „Deckel":** eine Projektbeschreibung „Arbeitsgruppe Deckel", ein DIN-A3-Blatt, ein DIN-A4-Blatt für Notizen, Bleistift, Lineal und Klebestift

Durchführung:

- Beide Arbeitsgruppen sollen miteinander kooperieren und als gemeinsames Projekt die Verpackung für einen Quader („quaderförmiges Schmuckkästchen") konstruieren.
- Dazu werden den Arbeitsgruppen die Projektbeschreibungen (für die Herstellung von Karton und Deckel) und verschiedene Materialien ausgehändigt.
- Bei der Arbeit am Projekt gelten folgende **Regeln**:
  1. Jede Arbeitsgruppe muss ihren Arbeitsauftrag innerhalb von 45 Minuten in dem ihr zugeteilten Raum (bzw. an einem bestimmten Tisch) erledigen.
  2. Jede Arbeitsgruppe bestimmt einen Kurier, der Informationen und Materialien bei der anderen Arbeitsgruppe seiner Firma besorgen darf. Während der Projektphase dürfen die beiden Arbeitsgruppen jeweils nur über die beiden Kuriere der Firma miteinander in Kontakt treten.
  3. Die Informationen dürfen während des Kuriergangs nicht schriftlich festgehalten werden.
  4. Die angefertigten Musterstücke (Karton und Deckel) verbleiben bis zur Testphase im zugeteilten Raum der Arbeitsgruppe.
  5. Das Notizpapier darf nicht als Bastelmaterial für die Verpackung eingesetzt werden.

Testphase:

Nach Ablauf der festgelegten Arbeitszeit kommen alle Arbeitsgruppen der verschiedenen Firmen zusammen. Nun wird jedes Musterstück getestet, indem der Holzquader (im Format des „Schmuckkästchens") probeweise in den jeweiligen Karton gelegt und mit dem entsprechenden Deckel verschlossen wird.

Kartonbau

Konstruktion

Projekt: Kartonbau — Arbeitsgruppe „Karton"

Eure Firma soll ein Muster für einen Karton mit Deckel entwickeln. Der Karton soll später in Serie produziert werden. Der Auftraggeber möchte den Behälter als Verpackung für ein quaderförmiges Schmuckkästchen (Grundfläche: 7 cm × 15 cm) benutzen. Der Kunde will, dass der Deckel in irgendeiner Weise an dem Karton befestigt ist und der Karton trotzdem leicht zu öffnen ist.

Für die Herstellung des Musterstückes bildet die Geschäftsführung zwei Arbeitsgruppen.
Die Arbeitsgruppen arbeiten an diesem Projekt mit unterschiedlichen Arbeitsaufträgen an zwei verschiedenen Standorten. Eure Arbeitsgruppe hat die **Aufgabe**, den **Karton** zu **bauen**, die andere Arbeitsgruppe soll den Deckel konstruieren. Ihr habt für diese Aufgabe **45 Minuten** Zeit.

Es gelten dabei folgende **Regeln**:
1. Erledigt euren Arbeitsauftrag in dem euch zugeteilten Raum (bzw. Tisch).
2. Legt einen Kurier fest, der Informationen und Materialien bei der anderen Arbeitsgruppe eurer Firma besorgen darf.
3. Die Informationen dürfen während des Kuriergangs nicht schriftlich festgehalten werden.
4. Euer Musterstück darf den Arbeitsraum bis zur Testphase nicht verlassen!
5. Das Notizpapier darf nicht mit in die Verpackung eingebaut werden.

An eure Arbeitsgruppe wurden folgende **Arbeitsmaterialien** geliefert:
- ein DIN-A3-Blatt als Material für den Karton
- ein Blatt Papier und ein Bleistift für Notizen, eine Schere

Projekt: Kartonbau — Arbeitsgruppe „Deckel"

Eure Firma soll ein Muster für einen Karton mit Deckel entwickeln. Der Karton soll später in Serie produziert werden. Der Auftraggeber möchte den Behälter als Verpackung für ein quaderförmiges Schmuckkästchen (Höhe: 7cm) benutzen. Der Kunde will, dass der Deckel in irgendeiner Weise an dem Karton befestigt ist und der Karton trotzdem leicht zu öffnen ist.

Für die Herstellung des Musterstückes bildet die Geschäftsführung zwei Arbeitsgruppen.
Die Arbeitsgruppen arbeiten an diesem Projekt mit unterschiedlichen Arbeitsaufträgen an zwei verschiedenen Standorten. Eure Arbeitsgruppe hat die **Aufgabe**, den **Deckel** zu **bauen**, die andere Arbeitsgruppe soll den Karton konstruieren. Ihr habt für diese Aufgabe **45 Minuten** Zeit.

Es gelten dabei folgende **Regeln**:
1. Erledigt euren Arbeitsauftrag in dem euch zugeteilten Raum (bzw. Tisch).
2. Legt einen Kurier fest, der Informationen und Materialien bei der anderen Arbeitsgruppe eurer Firma besorgen darf.
3. Die Informationen dürfen während des Kuriergangs nicht schriftlich festgehalten werden.
4. Euer Musterstück darf den Arbeitsraum bis zur Testphase nicht verlassen!
5. Das Notizpapier darf nicht mit in die Verpackung eingebaut werden.

An eure Arbeitsgruppe wurden folgende **Arbeitsmaterialien** geliefert:
- ein DIN-A3-Blatt als Material für den Deckel
- ein Blatt Papier für Notizen, Bleistift, Lineal und Klebestift

Luftballonsäule

Konstruktion

Das Architekturbüro Luftikus hofft, bei der diesjährigen „Architektona International" den Coup zu landen. Mit modernsten Methoden und Statikelementen will es ein futuristisches Gebäude konstruieren, welches allein auf Säulen aus Luftballons steht. Dazu werden Architekten-Teams gebildet, die verschiedene Prototypen herstellen sollen. Hoffentlich zerplatzt dieser Traum nicht ...

Ziele: die verschiedenen Fähigkeiten der Gruppenmitglieder zur gemeinsamen Lösung einer Aufgabe nutzen, ein gemeinsames Vorhaben planen und umsetzen
Ort: am besten für jedes Team ein eigener Arbeitsraum
Dauer: lang 45–60 min
Material: pro Team: 30 Luftballons, Malerklebeband à 5 m Länge, Verpackungskordel à 10 m Länge, 20 Doppelseiten Zeitungspapier, 20 Schaschlikspieße aus Holz, 2 Scheren

Vorbereitung:

Die Teilnehmer werden in Teams von 6 bis 8 Personen eingeteilt.

Durchführung:

- Die Teams gehen in ihre Arbeitsräume.
- Jedes Team hat die **Aufgabe**, eine frei stehende Luftballonsäule zu bauen, die vom Boden bis zum höchsten Punkt aus einer ununterbrochenen Kette von Luftballons besteht.
- Um diese Aufgabe zu bewerkstelligen, bekommt jede Gruppe bestimmte Materialien (s. o.).
- Alle Materialien, mit Ausnahme der Scheren, dienen dabei als Baumaterialien, die in die Konstruktion eingebaut werden dürfen.
- Die Aufgabe ist in verschiedenen Phasen zu erledigen:

1. **Planungsphase (5 bis 10 min):**
   Jedes Team überlegt sich, wie seine Konstruktion aussehen soll, und fertigt Skizzen an.

2. **Konstruktionsphase (30 bis 40 min):**
   Die Teams setzen ihre Pläne in die Tat um und beginnen mit dem Säulenbau.

3. **Präsentationsphase (5 bis 10 min):**
   Die fertiggestellten Luftballonsäulen werden den anderen vorgestellt und erläutert.

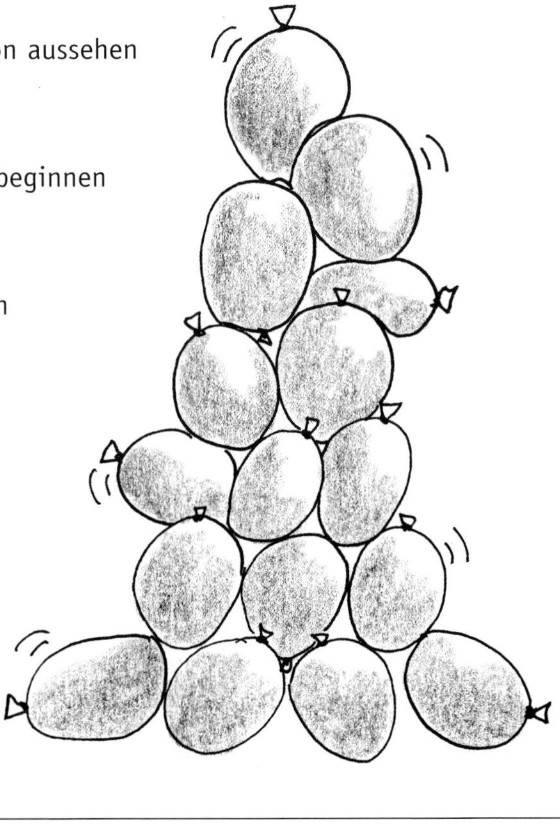

Luftpuzzle

Konstruktion

Die Bewohner des Planeten Puzzlos puzzeln leidenschaftlich gern. Mit ihren schnorchelartigen Mündern transportieren sie dabei die Puzzleteile von einer Stelle zur anderen und legen sie dort zusammen ...

Ziele: gemeinsam ein Vorhaben planen und umsetzen, sich eigener Stärken und Schwächen bewusst werden
Ort: drinnen oder draußen
Dauer: mittel 20–25 min
Material: 3 verschiedenfarbige Puzzles (à DIN A3 oder DIN A4), ein Strohhalm pro Person, 4 Tische

Vorbereitung:

Herstellung der Puzzles:
1. Drei Motive, Bilder o. Ä. auf verschiedenfarbiges Papier (Blätter à DIN A3 oder DIN A4) kopieren und laminieren.
2. Blätter dann in beliebig geformte Puzzleteile (à max. 5 cm × 10 cm) zuschneiden. Fertig!

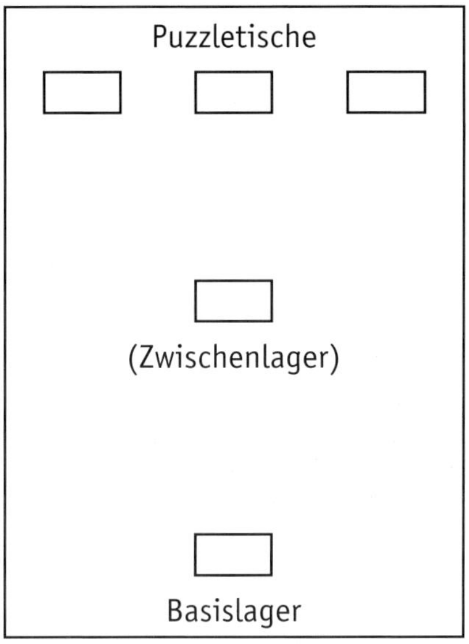

Das **Spielfeld** wird eingerichtet (siehe Skizze):
- Drei Tische werden als **Puzzletische** mit einem Abstand von 1,5 Metern voneinander parallel zur Tafel aufgestellt.
- In ca. 1 Meter Abstand von der gegenüberliegenden Wand steht ein weiterer Tisch als **Basislager**, auf dem die gut gemischten Puzzleteile ausliegen.
- Die übrigen Tische und Stühle werden bei Seite geräumt, sodass eine freie Spielfläche entsteht.
- Ein Tisch in der Mitte der Spielfläche (siehe Skizze) dient als **Zwischenlager**. Er wird nur für eine der Spiel-Varianten benötigt.

Durchführung:

- Die Teilnehmer müssen die Puzzleteile, die sich „im" Basislager befinden, mit den Strohhalmen einzeln ansaugen und zu den Puzzletischen transportieren.
- Auf jedem der drei Puzzle-Tische soll jeweils nur eines der drei Puzzles zusammengesetzt werden.
- Die Puzzleteile dürfen auch dabei nicht angefasst, sondern nur mit der Saugtechnik bewegt werden.
- Lässt ein Mitspieler während der Aktion ein Puzzleteil zu Boden fallen, muss er es zunächst wieder zum Basislager zurückbringen, bevor er wieder neu starten kann.
- Bevor die Gruppe mit der Aufgabe beginnt, muss sie die Vorgehensweise absprechen.

Varianten:

- Die unterschiedlichen Aufgaben (Verteilen der Puzzleteile am Basislager, Transportieren und Zusammensetzen der Puzzleteile) werden als Rollen zugeteilt (z. B. Verteiler, Transporteur ...).
- Alle bilden eine Menschenkette vom Basislager bis zu den Puzzletischen und geben die Puzzleteile von Strohhalm zu Strohhalm weiter.
- Jeder Mitspieler transportiert die Puzzleteile ohne Zwischenstopp vom Basislager zu den Puzzletischen (nur möglich bei Puzzleteilen, die kleiner als 5 cm × 5 cm sind). Oder man stellt noch einen Tisch in die Mitte, auf den man die Puzzleteile „zwischenlagern" und Luft holen kann.

Mausefallendomino

Konstruktion

Nachts, wenn alle Bewohner Mexikos schlafen, machen Speedy Gonzales und seine Mäusefreunde sich einen Spaß daraus, Mausefallen einzusammeln, hintereinander aufzustellen und den Domino-Effekt damit zu inszenieren. Da herrschen Spannung und Nervenkitzel. Auf dass keine Falle zuschnappt!

Ziele: ein Vorhaben gemeinsam planen und umsetzen, sich trotz Rückschlägen motivieren, sich konzentrieren
Ort: im Stuhlkreis auf glattem Boden
Dauer: kurz 15–20 min
Material: 50–100 Mausefallen

Vorbereitung:

Der Spielleiter testet zuvor die Standfestigkeit der Mausefallen. Gespannte Mausefallen senkrecht mit der Köderseite nach oben aufstellen (bei Instabilität einer Mausefalle: Draht ausrichten, damit sie senkrecht stehen kann).

Durchführung:

- Die Gruppe sitzt im Stuhlkreis. Jeder Mitspieler erhält eine ungespannte Mausefalle.
- Die Gruppe hat die Aufgabe, alle Mausefallen (wie bei dem Geschicklichkeitsspiel mit Dominosteinen) hintereinander auf dem Boden aufzustellen und dabei den Domino-Effekt (die Kettenreaktion durch eine umfallende Mausefalle) möglichst lange herauszuzögern.
- Zunächst ist die Handhabung der Mausefallen vom Spielleiter unbedingt zu demonstrieren. Dabei gelten folgende **Regeln und Sicherheitsvorschriften**:
  1. Nur wer gerade an der Reihe ist, darf die Mausefallen vorsichtig spannen und aufstellen.
  2. Die gespannten Fallen dürfen nicht im Köderbereich berührt werden (akute Verletzungsgefahr!).
  3. Jede Mausefalle wird senkrecht (mit der Köderseite nach oben!) aufgestellt. Dabei muss sie immer von hinten (auf Höhe des gespannten Bügels!) an den Schmalseiten angefasst werden, um Quetschverletzungen zu vermeiden.
  4. Sollte eine Mausefalle umfallen und zuschnappen, muss sich derjenige, der gerade an der Reihe ist, schnellstens in Sicherheit bringen (Kopf hoch und Hände weg!).
  5. Die Gruppe muss sich absprechen, wer zu welchem Zeitpunkt an der Reihe ist.
  6. Jeder Mitspieler ist eingebunden – er darf seine Mausefalle nicht an einen anderen abgeben.
  7. Während ein Mitspieler in Aktion ist, müssen die anderen auf ihren Stühlen sitzen bleiben.
  8. Erst wenn alle Mausefallen aus der Runde verbraucht sind, darf sich jeder Mitspieler für die nächste Runde eine neue holen.
- Wie viele Mausefallen standen vor dem „Knalleffekt" hintereinander? Die Gruppe kann bei erneuten Versuchen probieren, ihre alte Rekordmarke zu brechen.

Hinweis:

Achtung Verletzungsgefahr! Um Verletzungen zu vermeiden, müssen die Teilnehmer unbedingt die Regeln und Sicherheitsvorschriften beachten!

Variante:

Die Gruppe kann zunächst in einer Planungsphase überlegen, wie sie die Aufgabe am besten lösen kann, indem sie z. B. vorher festlegt, wer die Mausefallen spannt und wer sie aufstellt. Bei dieser Variante müssen trotzdem die Sicherheitsvorschriften (besonders Nr. 2, 3 und 4!) beachtet werden.

Mausefallenstapel

Konstruktion

Feivel, der kleine wandernde Mäuserich aus Amerika, hat mit seinen Freunden die schwierige Aufgabe übernommen, in der Stadt New York die gefährlichen Mausfallen unschädlich zu machen. Die gespannten Fallen sollen versteckt in einer abgelegenen Fabrikhalle aufgestapelt werden. Mit einem mulmigen Gefühl in der Magengrube machen sie sich an die Arbeit ...

Ziele: gemeinsam ein Vorhaben genau planen und umsetzen, sich konzentrieren, sich trotz Rückschlägen motivieren
Ort: Stuhlkreis mit einem Tisch in der Mitte für jedes Team
Dauer: kurz 15–20 min
Material: 10 Mausefallen pro Team

Vorbereitung:

Zunächst werden die Teilnehmer in Teams zu 5 bis 8 Personen eingeteilt. Jedes Team bildet einen Stuhlkreis um einen Tisch herum.

Durchführung:

- Jedes Team soll innerhalb von 10 Minuten gespannte Mausefallen zu einem möglichst hohen Turm aufstapeln.
- Es kann dabei die Mausefallen nach Belieben anordnen.
- In einer 3-minütigen Planungsphase legen die Teams jeweils ihre Strategie und die Reihenfolge der Akteure fest.
- Gewonnen hat dasjenige Team, welches am Ende der Durchführungsphase den höchsten Turm aufgestapelt hat.
- Zunächst sollte der Spielleiter unbedingt die Handhabung der Mausefallen demonstrieren.
- Dabei gelten folgende **Regeln und Sicherheitsvorschriften**:

1. Während ein Mitspieler in Aktion ist, müssen die anderen in sicherem Abstand (von ca. 50 cm) sitzen bleiben und auch die Hände fernhalten.
2. Derjenige Mitspieler, der am Zuge ist, spannt seine Mausefalle vorsichtig.
3. Die gespannte Mausefalle wird, um Verletzungen zu vermeiden, an der Seite mit dem gespannten Bügel und nicht an der Köderseite angefasst!
4. Wenn eine Falle zuschnappt, muss sie wieder neu gespannt werden.
5. Jeder ist an der Aktion beteiligt und darf seine Mausefalle nicht an andere abgeben.
6. Bevor ein Mitspieler zum zweiten Mal eine Mausefalle auf den gleichen Stapel legt, müssen alle anderen bereits mindestens eine Mausefalle eingesetzt haben.

Hinweis:

Achtung Verletzungsgefahr! Um Verletzungen zu vermeiden, müssen die Teilnehmer **unbedingt** die Regeln und **Sicherheitsvorschriften beachten!**

Modern Design „Recycel-Auto“

Konstruktion

Die internationale Wertstofffirma „Aus alt mach neu“ arbeitet an drei unterschiedlichen Produktionsstandorten in Japan, den USA und Deutschland mit den gleichen Materialien am selben Projekt: einem Recycel-Auto. Da ist der Austausch manchmal etwas schwierig ...

Ziele: die verschiedenen Fähigkeiten der Gruppenmitglieder zur gemeinsamen Lösung einer Aufgabe nutzen, ein gemeinsames Vorhaben genau planen und umsetzen, sich absprechen

Ort: möglichst ein Arbeitsraum pro Team und zusätzlich ein separater Besprechungsraum

Dauer: lang 60–80 min

Material: pro Team: 5 Tetrapacks, 5 Joghurtbecher, Schuhkarton, gelber Sack, 4 Konservendosen, 10 Strohhalme, 3 kleine Plastikflaschen, Malerklebeband à 4 m Länge als Verbrauchsmaterial und ein Konzeptpapier, 2 Scheren, Stift, Lineal, Zollstock als Werkzeug und Arbeitsmaterial; 2 Informationskarten mit der Aufschrift „Planungsgespräch – bitte zum Besprechungsraum kommen!“

Vorbereitung:

- Die Gruppe wird in Teams à 4 bis 6 Personen eingeteilt. Immer drei Teams gehören zu einer Firma.
- Jedes Team erhält sein Material und Werkzeug (s. o.) und begibt sich in einen separaten Raum.

Durchführung:

- An drei (!) unterschiedlichen Standorten sollen die drei Teams einer Firma aus Wertstoffen genau das gleiche Fahrzeug in einem modernen Design bauen.
- Dabei gelten folgende **Regeln**:
  1. Jedes Team muss seinen Arbeitsauftrag in dem ihm zugeteilten Raum erledigen und darf die anderen Produktionsstandorte nicht betreten. Die Materialien und das Produkt müssen im Raum verbleiben. Nur die Informationskarten dürfen in andere Räume gelangen.
  2. Das gesamte Verbrauchsmaterial muss in die Konstruktion eingebaut werden. Werkzeuge und Arbeitsmaterial dürfen dagegen nicht verbaut werden.
  3. An den firmeninternen Planungsgesprächen in einem separaten Besprechungsraum darf immer nur ein Vertreter jeder Arbeitsgruppe teilnehmen. Informationen und Gesprächsergebnisse dürfen nicht schriftlich festgehalten werden.
  4. Planungsgespräche können mit der Informationskarte „Planungsgespräch – bitte zum Besprechungsraum kommen!“ immer wieder einberufen werden. Dazu wird die Infokarte unter der Tür des jeweiligen Produktionsstandorts durchgeschoben und anschließend wieder zurückgegeben.
  5. Die gemeinsame Aufgabe muss innerhalb von 50 bis 70 Minuten erledigt werden.
- In einer abschließenden **Präsentation** werden die Ergebnisse in der „Firmenzentrale“ ausgestellt und miteinander verglichen.

Ökohaus

Der alternative Abenteuerurlaub in den Tropen erfüllt alle Erwartungen. Zunächst musste man sich den Weg durch das Dickicht bahnen und sein Mittagessen aus selbst erlegten Tieren kreieren. Jetzt wird als Bleibe für die Nacht kurzerhand ein Ökohaus aus natürlichen Materialien gebaut ...

Ziele: die verschiedenen Fähigkeiten der Gruppenmitglieder zur gemeinsamen Lösung einer Aufgabe nutzen, ein gemeinsames Vorhaben planen und umsetzen, sich absprechen

Ort: im Wald

Dauer: lang 65–80 min

Material: pro Team: ein Messer, Holzsäge, Astschere, mittelstarke Verpackungskordel à 50 m Länge, Blatt Papier, Stift

---

Vorbereitung:

- Die Teilnehmer werden in Teams von 6 bis 8 Personen eingeteilt.
- Jedes Team erhält sein Arbeitsmaterial (s. o.) und begibt sich in ein eigenes Areal im Wald à ca. 10 m ∅, welches von den anderen nicht betreten werden darf.

Durchführung:

Jedes Team hat die **Aufgabe**, ein Ökohaus zu bauen, in dem mindestens zwei Menschen Platz finden. Dazu dürfen nur natürliche Materialien, die im Wald herumliegen, verwendet werden, aber keine Äste etc., die erst von den Bäumen abgesägt werden müssten.

1. **Planungsphase (5 bis 10 min):**
   Jedes Team sichtet potenzielles Material und plant, wie sein Ökohaus aussehen soll.
   Die Planung wird schriftlich festgehalten.

2. **Konstruktionsphase (50 bis 60 min):**
   Die Teams sammeln die entsprechenden natürlichen Materialien und bauen das Ökohaus.

3. **Präsentationsphase (10 min):**
   Die Ökohäuser werden den anderen Teams vorgestellt und von ihnen gewürdigt.

Papierzauber

Konstruktion

Ein Prinz steht in Gefahr mit dem Fluch einer bösen Hexe belegt zu werden, wenn er es nicht schafft, ein Blatt Papier so zu bearbeiten, dass sein ganzer Hofstaat hindurchgehen kann. Er überlegt und überlegt. Er hat nur noch 10 Minuten Zeit, um den angedrohten Fluch abzuwenden. In dieser Not ruft er seine Weisen zu Rate ...

Ziele: gemeinsam eine Aufgabe lösen, sich gegenseitig unterstützen
Ort: Stuhlkreis
Dauer: kurz 10–15 min
Material: 2 DIN-A4-Blätter, Schere

Durchführung:

- Die Gruppe sitzt im Stuhlkreis und bekommt zwei Blatt Papier (eines davon als Ersatzblatt) und eine Schere.
- Aufgabe der Gruppe ist es, ein Blatt so mithilfe der Schere zubearbeiten, dass aus dem Blatt ein großer Papierrahmen entsteht, durch den später alle Gruppenmitglieder nacheinander durchsteigen können, ohne dass er zerreißt.
- Der Papierrahmen muss also geschlossen sein und darf nachträglich weder zusammengeknotet noch zusammengeklebt werden.
- Die Aufgabe ist erfüllt, wenn alle Teilnehmer durch den Papierrahmen hindurchgestiegen sind.
- Für diese Übung wird ein Zeitlimit von 10 bis 15 Minuten (je nach Gruppengröße) festgesetzt.

Lösungsmöglichkeit:

1. Blatt in der Mitte auf DIN-A5-Größe knicken.
2. Von beiden langen Seiten ausgehend ca. 15 cm im Reißverschlussverfahren nach innen einschneiden.
3. Blatt wieder öffnen und am Knick entlangschneiden, wobei die beiden Ränder ausgespart werden (siehe Abb.). Fertig!

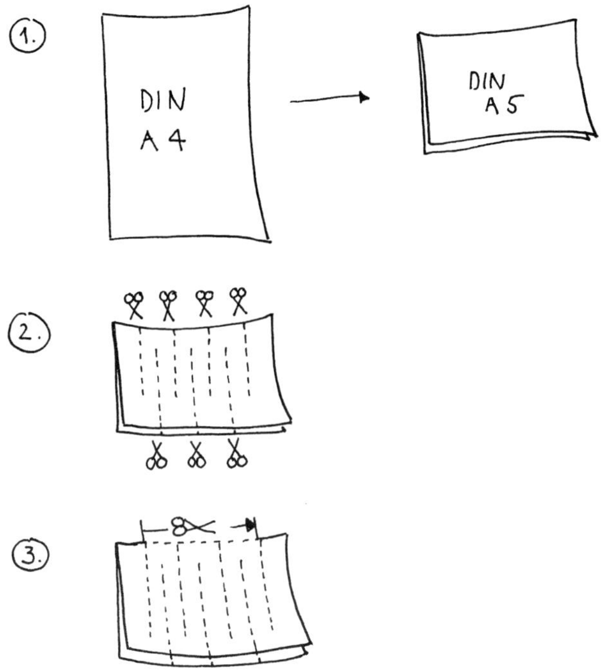

Quadratisch, praktisch, gut!

Konstruktion

Der Malermeister Otto will ein Quadrat abstecken und für die neue Tanzgruppe einzeichnen. Leider sind die Turnbänke dafür viel zu lang. Wer weiß da Rat?

Ziele: die unterschiedlichen Fähigkeiten der Teilnehmer zur gemeinsamen Lösung einer Aufgabe nutzen, ein Vorhaben gemeinsam planen und durchführen, Hand in Hand zusammenarbeiten

Ort: Turnhalle

Dauer: kurz 10–15 min

Material: 4 Turnbänke, Zollstock

Durchführung:

Die Gruppe soll innerhalb von 10 Minuten mithilfe eines Zollstocks aus den vier Turnbänken ein Quadrat mit einer Seitenlänge von 1,50 m bilden. Dabei dürfen sich die Turnbänke berühren, aber nicht übereinanderliegen.

Lösung:

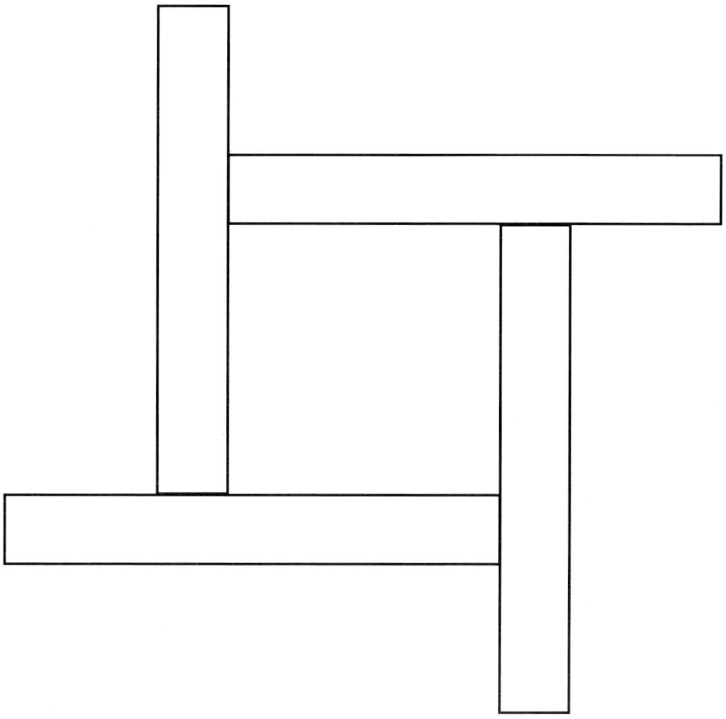

Selfmade-Pipeline

Konstruktion

Nach einer verheerenden Erdbeben-Katastrophe muss schnellstens die Gas-Pipeline neu aufgebaut werden ...

Ziele: die verschiedenen Fähigkeiten der Gruppenmitglieder zur gemeinsamen Lösung einer Aufgabe nutzen, ein gemeinsames Vorhaben genau planen und umsetzen, sich absprechen
Ort: für jedes Team ein Arbeitsraum oder ein separates Areal im Freien
Dauer: lang 55–65 min
Material: pro Team: 30 Strohhalme, 30 DIN-A4-Blätter, Malerklebeband à 3 m Länge, Murmel, Heftklammergerät mit Heftklammern, 2 Scheren

Vorbereitung:

- Die Teilnehmer werden in Teams von 4 bis 8 Personen eingeteilt.
- Die Teams gehen in ihre Arbeitsräume (bzw. Areale) und erhalten die Baumaterialien (s. o.).

Durchführung:

Jedes Team hat die **Aufgabe**, eine frei stehende und möglichst lange Pipeline zu bauen, durch welche die Murmel ohne Anstoß laufen kann.

1. **Planungsphase (5 min):**
   Zunächst entwickelt jedes Team Ideen, wie es die Aufgabe am besten lösen kann.

2. **Konstruktionsphase (40 bis 50 min):**
   Jedes Team baut nun seine Pipeline.

3. **Präsentations- und Erprobungsphase (5 min):**
   Die Konstruktionen werden im Plenum auf ihre Tauglichkeit hin getestet.

Strohhalmbrücke

Auf einer Eisenbahnstrecke muss eine Brücke aus einer stabilen Eisenkonstruktion gebaut werden. Statikteams konstruieren zunächst Modelle aus Strohhalmen ...

Ziele: verschiedene Fähigkeiten der einzelnen Gruppenmitglieder zur gemeinsamen Lösung einer Aufgabe nutzen
Ort: 1 Arbeitsraum (oder Tisch) pro Team
Dauer: lang 65–85 min
Material: pro Team: 60 Strohhalme (ohne Knick!), Malerklebeband à 2 m Länge, DIN-A4-Blatt, Zollstock

Durchführung:

- Die Teilnehmer werden in Teams von 4 bis 8 Personen eingeteilt.
- Jedes Team soll eine stabile, dreidimensionale Brücke über eine 80 cm breite Schlucht bauen.
- Dazu bekommt jedes Team Strohhalme, Malerklebeband und ein Blatt Papier. Der Zollstock steht zur Verfügung, um die Länge der Brücke zu überprüfen.
- Die Teams gehen in ihre Arbeitsräume bzw. an ihre Gruppentische (Achtung: Gefahr des Nachahmens!) und arbeiten ihre Aufgabe in folgenden Phasen ab:

1. **Planungsphase (5 bis 10 min):**
   Zunächst entwickelt jedes Team Ideen, wählt eine darunter aus und fertigt eine Skizze an.

2. **Konstruktionsphase (40 bis 50 min):**
   Jedes Team versucht, eine Brücke nach dem eigenen Entwurf zu bauen.

3. **Präsentationsphase (5 bis 10 min):**
   Die Konstruktionen werden im Plenum vorgestellt und erläutert.

4. **Erprobungsphase (ca. 10 min):**
   Die Statik der Brücken wird zwischen zwei Tischen getestet.

Variante:

In der Mitte der Brücke kann noch eine Plattform angebracht werden, auf die in der Erprobungsphase nacheinander einzelne Spielkarten gelegt werden, bis die Brücke zusammenfällt. Die Kartenanzahl wird dabei als „statischer Faktor" gewertet.

Talbrücke

Konstruktion

Eine marode Brücke, die über die Donau führte, wurde abgerissen. In kürzester Zeit muss eine neue freitragende Brücke gebaut werden, damit der Eisbahnverkehr wieder reibungslos fließen kann ...

Ziele: die verschiedenen Fähigkeiten der Gruppenmitglieder zur gemeinsamen Lösung einer Aufgabe nutzen
Ort: ein Arbeitsraum oder separater Platz mit mindestens 2 Tischen pro Team
Dauer: lang 65–85 min
Material: pro Team: 50 DIN-A4-Blätter, 3 Klebestifte, Zollstock

Vorbereitung:

Die Teilnehmer werden in Teams zu 4 bis 8 Personen eingeteilt.

Durchführung:

- Jedes Team hat die **Aufgabe**, eine stabile Brücke über eine 1 Meter breite Fläche („Tal") zwischen zwei Tischen („Brückenpfeilern") zu bauen.
- Jedes Team erhält zu diesem Zweck die DIN-A4-Blätter, Klebestifte und den Zollstock (s. o.). Klebestifte und Zollstock dürfen dabei nicht in die Konstruktion eingebaut werden.
- Die Brücke darf nicht an den Tischen (Pfeilern) festgeklebt oder durch weitere Pfeiler, die den Boden berühren, gestützt werden.
- Die Teams gehen in ihre Arbeitsräume (bzw. an ihre Tische) und arbeiten die Aufgabe in folgenden Phasen ab:

1. **Planungsphase (5 bis 10 min):**
   Jedes Team sammelt Ideen und entwirft dann ein Modell auf dem Papier.

2. **Konstruktionsphase (50 bis 60 min):**
   Jedes Team versucht, eine Brücke nach dem eigenen Entwurf zu bauen.

3. **Präsentationsphase (5 bis 10 min):**
   Die Teams stellen sich gegenseitig ihre Konstruktionen vor und testen sie im Anschluss über einem 1 Meter breiten „Tal" zwischen zwei „Pfeilern" (Tischen) auf ihre Tauglichkeit.

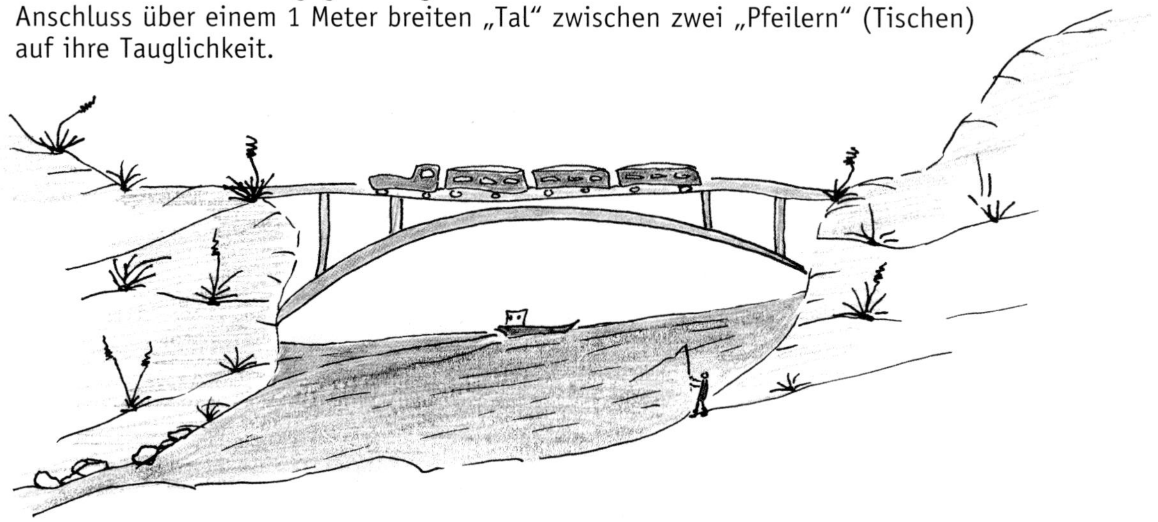

Turmbau

Konstruktion

In Dubai wird wieder mal der höchste Turm der Welt gebaut ...

Ziele: die verschiedenen Fähigkeiten der Gruppenmitglieder zur gemeinsamen Lösung einer Aufgabe nutzen
Ort: an Gruppentischen
Dauer: lang 50–65 min
Material: pro Team: 40 DIN-A4-Blätter, 2 Scheren, Stift, Klebstoff

Vorbereitung:

Die Teilnehmer werden in Vierer- bis Sechserteams eingeteilt.

Durchführung:

Jedes Team erhält die DIN-A4-Blätter, Scheren und Klebstoff und soll damit innerhalb von 40 Minuten einen möglichst hohen und stabilen Turm bauen.

1. **Planungsphase (5 bis 10 min):**
   Jedes Team plant, wie der Turm aussehen und welche Bautechnik angewendet werden soll, und fertigt dann eine Skizze davon an.

2. **Konstruktionsphase (30 bis 40 min):**
   Die Türme werden gebaut.

3. **Präsentationsphase (ca. 10 min):**
   Die Türme der verschiedenen Teams werden im Plenum präsentiert und erläutert.

Variante:

Anstelle der 40 Blätter können auch 60 Strohhalme als Baumaterial verwendet werden, die mit Malerklebeband oder Heftklammern aneinandergefügt werden.

Wackelturm

Konstruktion

Durch gestörte Kommunikation endete das Vorhaben, einen bis in den Himmel ragenden Turm zu bauen, in der biblischen Geschichte „Der Turmbau zu Babel" im Chaos. Hoffentlich klappt das jetzt besser ...

Ziele: sich als Teil einer Gruppe verstehen, sich gegenseitig motivieren, zusammenarbeiten
Ort: Stuhlkreis drinnen
Dauer: mittel 25–35 min
Material: 50 längliche Holzquader

Vorbereitung:

Die Gruppe sitzt in einem Stuhlkreis. Jeder Mitspieler erhält einen Holzquader.

Herstellung der Holzquader:
1. Gehobeltes Weißholz (H: 2 cm; B: 5 cm) aus einem Baumarkt in Holzquader à 15 cm Länge sägen.
2. Quader einölen oder lasieren, damit sie schmutzresistenter werden.

Durchführung:

- Die Gruppe hat die **Aufgabe**, die Holzquader in der Mitte des Stuhlkreises zu einem Turm aufzuschichten.
- Dabei gelten folgende **Regeln**:
  1. Jeder Holzquader muss im rechten Winkel auf den direkt darunter liegenden Holzquader gelegt werden.
  2. Nur derjenige Holzquader, der ganz oben liegt, darf nochmal ausgerichtet werden.
  3. Es darf immer nur ein Mitspieler in Aktion treten. Die anderen müssen währenddessen auf ihren Stühlen sitzen bleiben.
  4. Niemand darf seinen Holzquader an einen anderen Mitspieler abgeben. So ist jeder in das Spiel eingebunden.
  5. Die Gruppe muss sich absprechen, wer wann an der Reihe ist.
  6. Erst wenn alle Holzquader verbraucht sind, dürfen sich die Mitspieler für die nächste Runde neue holen.
  7. Fällt der Turm um, beginnt der Bau von vorne.

Hinweis:

Die Gruppe kann bei erneuten Versuchen probieren, ihre alte Rekordmarke zu brechen.

Expedition durch unbekannte Wildnis

Auf einer Expedition schlagen sich die Forscher mit ihrem Spezial-Fahrzeug vorsichtig durch die Wildnis ...

Ziele: präzise zusammenarbeiten, aufeinander Rücksicht nehmen, sich absprechen
Ort: in Wald oder Turnhalle (mit Hindernissen)
Dauer: kurz 10–15 min
Material: 8 zusammensteckbare Hula-Hoop-Reifen (oder Seil à 20 m Länge), Augenbinden (nur für die Variante)

Vorbereitung:

- Auf den Boden wird ein großer Kreis aus den Teilen der acht Hula-Hoop-Reifen zusammengesteckt und die Steckverbindungen werden durch Klebeband verstärkt, sodass ein stabiler Ring entsteht.
- Die Mitspieler verteilen sich im Kreis, erfassen den Außenring und heben ihn auf Hüfthöhe (Ring der Gruppengröße anpassen, sodass alle relativ eng nebeneinander stehen).

Durchführung:

- Die Gruppe stellt ein Expeditionsteam in einem Fahrzeug dar, das in unbekanntem Gelände zu einem festgelegten Zielpunkt unterwegs ist.
- Bevor die Expedition beginnt, beraten die Mitspieler darüber, wie sie am besten vorgehen (z. B. bzgl. der Kommandos und der Leitung).

Varianten:

- Anstelle der zusammengesteckten Reifen kann man auch ein Seil benutzen oder sich einfach an den Händen fassen.
- Alle tragen eine Augenbinde bis auf einen, der die Aufgabe hat, die „blinde" Gruppe mit Kommandos und Hinweisen zum festgelegten Ziel zu führen.

Feuerwehreinsatz

Koordination

Frau Schaumlöffel hat es mit dem Putzen mal wieder etwas übertrieben. Als sie ein Dachfenster reinigte, rutschte ihre wertvolle hohle Glaskugel (zum Glück aus Plexiglas!) in das marode Fallrohr ihres Hauses. Ob die Feuerwehr diese wohl unbeschadet bergen kann?

Ziele: präzise zusammenarbeiten, eine gemeinsame Strategie entwickeln und umsetzen
Ort: auf freiem Gelände mit einer Wasserquelle (z. B. Wasseranschluss, -fass oder Bach)
Dauer: kurz 10–15 min
Material: je 2 vorbereitete Rohre (s. u.), Tischtennisbälle und 5-Liter-Eimer

Vorbereitung:

Herstellung der Rohre:
1. In einem Baumarkt zwei graue HT-Rohre (DN 100 mit Steckmuffe à 100 cm und 150 cm Länge) sowie zwei HT-Muffenstopfen (DN 100) besorgen.
2. Mit unterschiedlichen Bohrern (à 6 mm bis 15 mm ∅) ungeordnet verteilt Löcher in die Rohrwände bohren (in das kurze Rohr: ca. 20 Löcher; in das lange: ca. 40).
3. Abschließend die Muffenstopfen in die Rohre stecken, sodass die Rohre unten geschlossen sind und das Wasser nicht entweichen kann.

- Die zwei Rohre werden mit der geschlossenen Seite nach unten, ca. 15 bis 30 Meter von der Wasserquelle entfernt, aufgestellt und in jedes wird ein Tischtennisball hineingeworfen.
- Neben den Rohren stehen zwei Eimer bereit.

Durchführung:

- Die Gruppe hat die Aufgabe, die Rohre mit Wasser zu füllen und so die Tischtennisbälle nach oben zu befördern.
- Zwei Mitspieler holen dafür in Eimern Wasser aus der Wasserquelle und schütten es vorsichtig in die Rohre.
- Die anderen müssen, damit kein Wasser entweicht, die Löcher in den Rohrwänden zuhalten.
- Die Aufgabe ist erledigt, wenn die beiden Tischtennisbälle dem Spielleiter übergeben wurden.
- Die Gruppe sollte sich zu Anfang auch eine Strategie dafür überlegt haben, wie sie am Ende der Übung das Wasser aus den Rohren ablassen kann, ohne nass zu werden.
- Da die Aufgabe mit dem kürzeren Rohr leichter zu bewältigen ist, ist es empfehlenswert, damit zu beginnen.

Hinweis:

Falls nur ein Rohr eingesetzt werden soll, sollte man das längere wählen.

Grenzübergang

Koordination

Nach zehn Jahren zäher Verhandlungen wird die Grenze zwischen zwei Ländern endlich wieder geöffnet. Voller Freude strömen Menschen dicht gedrängt von beiden Seiten zum Grenzübergang. Endlich können sie wieder ohne Probleme ins Nachbarland und dort alte Freunde, die sie zum Teil seit Jahren nicht mehr gesehen haben, besuchen.

Ziele: präzise zusammenarbeiten, Berührungsängste abbauen, sich aufeinander verlassen
Ort: drinnen oder draußen (z. B. in der Turnhalle oder auf einem Spielplatz)
Dauer: kurz 10–15 min
Material: lange Turnhallenbank (Bohle oder Balken)

Vorbereitung:

Die Teilnehmer werden in zwei Gruppen eingeteilt. Die eine Gruppe stellt sich hintereinander an einem, die andere am anderen Ende der Turnhallenbank (bzw. des „Grenzübergangs") auf.

Durchführung:

- Drei aus jeder Gruppe betreten auf ihrer Seite die Bank.
- Jede Dreiergruppe will nun über den „Grenzübergang" (die Bank) auf die andere Seite, sodass die beiden Dreier-Gruppen an der „Grenze" (Mitte der Bank) zwangsläufig aufeinandertreffen und irgendwie aneinander vorbeikommen müssen.
- Damit sie nicht in den „Grenzfluss" (neben die Bank) fallen, sollten sich die Beteiligten dabei gegenseitig unterstützen.
- „Abgestürzte" Grenzgänger werden von der Gesamtgruppe beraten und dürfen danach einen weiteren Versuch starten, die „Grenze" „trockenen Fußes" zu passieren.
- Hat der „Grenzübergang" geklappt, sind die nächsten Dreierteams der beiden Gruppen an der Reihe.

Variante:

Die Turnhallenbank wird umgedreht und die Teilnehmer müssen auf dem schmalen Steg laufen. Zur Sicherheit sollten hierbei Turnmatten ausgelegt werden.

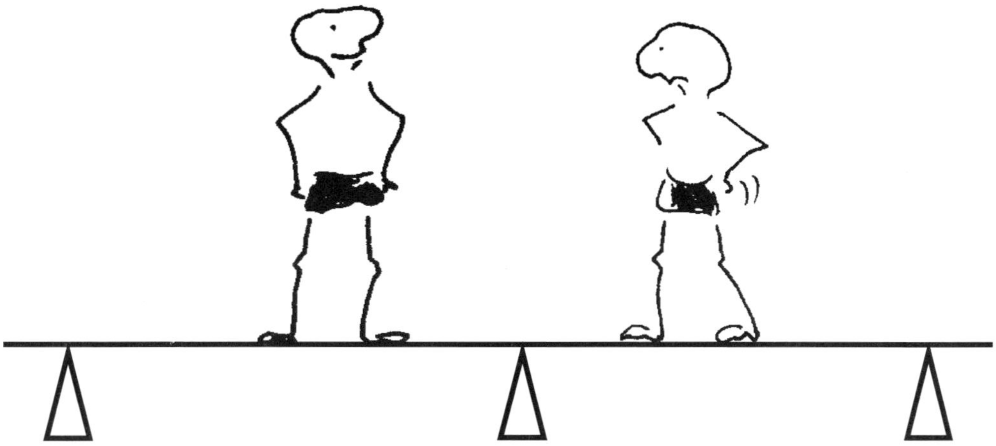

Irrgarten

Koordination

Der Weg vom Ausgangspunkt zum Ziel ist nicht immer einfach. Anfangs ist er ja meist noch ganz passabel, doch oftmals folgen Sackgassen und unwegsames Gelände, von den engen Passagen ganz zu schweigen ...

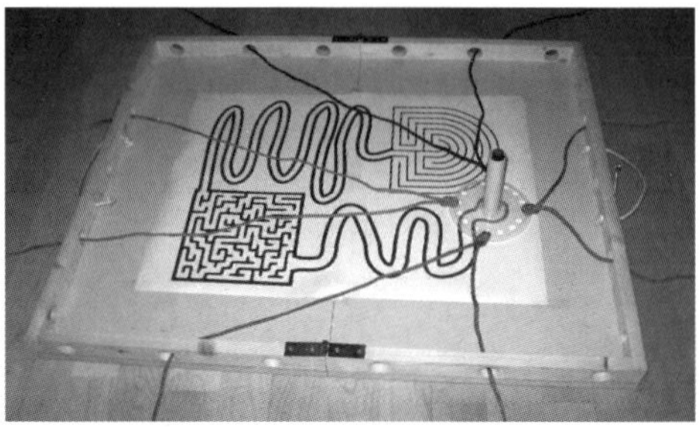

Ziele: sich konzentrieren, miteinander kommunizieren, präzise zusammenarbeiten
Ort: drinnen oder draußen
Dauer: kurz 10–20 min
Material: Spielbrett mit Haltevorrichtung, je eine Kopie von „Spirale" und „Labyrinth" (siehe folgende Seiten), Moderationsstifte (in verschiedenen Farben), Klebeband, je ein Seil à 5 m Länge für zwei Mitspieler, Tisch, Augenbinden (nur für die Variante)

Vorbereitung:

Herstellung des Spielbretts:

1. Für die Banden benötigt man zwei Latten à 65 cm und zwei à 75,9 cm Länge aus gehobeltem Weißholz (à 18 mm × 36 mm).
2. In die kurzen Latten werden mittig zwischen Ober- und Unterkante mit einem Forstnerbohrer (à 25 mm ∅) fünf Löcher gebohrt (Abstände vom linken Lattenrand: 5 cm; 18,5 cm; 32,5 cm; 46,5 cm; 60 cm).
3. In die langen Latten werden sechs Löcher gebohrt (Abstände vom linken Lattenrand: 4 cm; 17,5 cm; 31 cm; 45 cm; 58,5 cm; 72 cm).
4. Die Löcher werden mit Schleifpapier bearbeitet, um den Abrieb der Seile gering zu halten.
5. Die Banden werden umlaufend an dem Rand einer Multiplexplatte (à 80 cm × 65 cm und 24 mm Stärke) mit Schrauben angebracht.

Herstellung der Haltevorrichtung:

1. Mit einem Cuttermesser wird der Mantel von einem durchsichtigen Deckel einer CD-Spindel entfernt (oder ein Kreis aus Plexiglas ausgesägt).
2. Am Rand der Kreisplatte werden gleichmäßig verteilt 16 Löcher à 10 mm ∅ gebohrt (Abstand vom Rand: 1,5 cm).
3. In die Mitte des Kreises wird mit einem Forstnerbohrer ein Loch (à 25 mm ∅) gebohrt, in das ein runder, ca. 10 cm langer Kabelkanal (à 25 mm ∅) als Halterung für den Moderationsstift gesteckt wird.

Hinweis: Das Spiel ist in ähnlicher Ausführung bei der Firma METALOG training tools unter dem Namen „Teamnavigator" erwerbbar.

Durchführung:

- Das Spielbrett wird auf einen Tisch gelegt. Die Kopie mit „Spirale" oder „Labyrinth" wird mittig auf das Spielbrett gelegt und an den Rändern mit Klebeband fixiert.
- Die Seile werden an den Randlöchern der Haltevorrichtung befestigt und durch die Löcher der Außenbande gefädelt.
- Jeder Mitspieler erhält ein Seil. In das Rohr der Haltevorrichtung wird ein Moderationsstift gesteckt.
- Die Gruppe hat die Aufgabe, den Weg vom Start zum Ziel mit dem Stift nachzuzeichnen. Dabei darf der Stift die Linien zwar berühren, aber nicht überschreiten.
- Die Gruppe kann versuchen, in weiteren Durchgängen ihr Ergebnis zu verbessern und ihre Erfahrungswerte zu nutzen. Dazu ist es sinnvoll, mit verschiedenen Farben auf demselben Blatt zu zeichnen.
- Wird die Zeit für einen Durchgang gemessen, werden für jeden Fehler 10 Sekunden dazuaddiert.

Variante:

Einige Mitspieler tragen Augenbinden und müssen von den anderen angeleitet werden.

Irrgarten

Koordination

Spirale

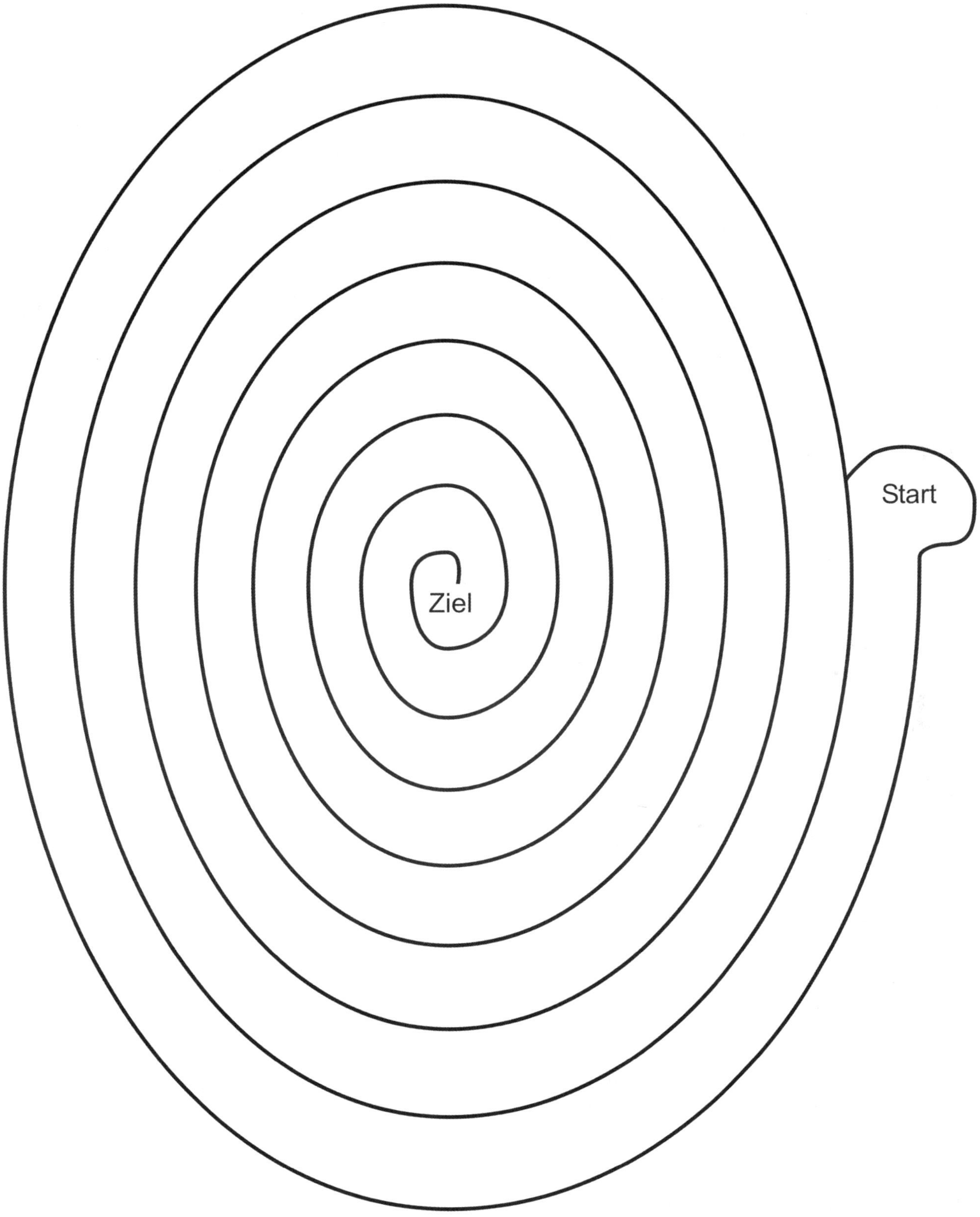

Hinweis:

Spirale auf DIN A2 oder DIN A3 vergrößern.

Irrgarten

Koordination

Labyrinth

Hinweis:

Labyrinth auf DIN A2 oder DIN A3 vergrößern.

Labyrinth

Koordination

Das hat sich Theseus leichter vorgestellt, sich schnell mal mit einem Wollknäuel ausgestattet ins Labyrinth von Knossos zu begeben, um den Minotaurus zu töten. Doch dort erwarten ihn ungeahnte Fallen und Herausforderungen ...

Ziele: präzise zusammenarbeiten, sich konzentrieren, verständigen und aufeinander einstellen
Ort: drinnen oder draußen
Dauer: mittel 20–30 min
Material: Labyrinth (siehe Bauanleitung), Murmel (à 15 mm ∅), je ein Seil à 5 m Länge für 2 Teilnehmer

Vorbereitung:

Herstellung des Labyrinths:

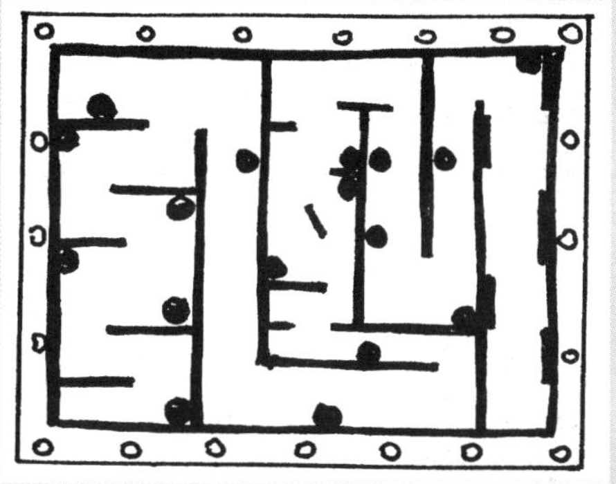

1. Auf einer Multiplexplatte (à 40 cm × 50 cm und 14 mm Stärke) müssen 20 Löcher à 10 mm ∅ am Rand gleichmäßig verteilt gebohrt werden (Abstand vom Rand: 2,5 cm) (in jede Ecke ein Loch; an jede Längsseite weitere fünf Löcher; an jede Breitseite weitere drei) und mit einem Senker entgratet werden (siehe Skizze). An diesen Löchern werden später die Seile befestigt.
2. Auf der Multiplexplatte wird nun der Rahmen des Labyrinths (Abstand vom Plattenrand: 4 cm) eingezeichnet. Vierkantstäbe (aus Buche, à 1 cm × 1 cm) werden entsprechend zurechtgesägt und auf der Multiplexplatte mit Holzleim und kleinen Nägeln als Rahmen befestigt. Um ein Reißen des Holzes zu vermeiden, sollten dabei die Löcher in den Vierkantstäben vorgebohrt werden.
3. Das Labyrinth (mit Start und Ziel) gestalten und dazu weitere Vierkantstäbe positionieren. Der Abstand zwischen den Vierkantstäben muss dabei mindestens 4 cm betragen, damit die Murmel später problemlos durch das Labyrinth laufen kann.
4. Als Hindernisse an verschiedenen Stellen mit einem Forstnerbohrer Löcher à 20 mm ∅ fräsen (nicht durchbohren!), dabei aber genügend Platz belassen, damit die Kugel später noch an den Hindernissen vorbeirollen kann. Kurze Vierkantstäbe können zusätzlich als feste Hindernisse angebracht werden.
5. Als Holzstopfen zum Verschluss der Löcher, dienen die 3 cm langen Stücke, die aus einem Rundstab (in Buche, à 20 mm ∅) gesägt wurden.
6. Alle Löcher des Labyrinths werden zunächst mit den Holzstopfen verschlossen und die Seile werden gleichmäßig verteilt am Labyrinth befestigt.

Durchführung:

- Die Teilnehmer stehen im Kreis um das Labyrinth herum und jeder nimmt ein Seil auf.
- Die Gruppe hat die Aufgabe, mithilfe der Seile die Murmel vom Start ins Ziel zu bewegen.
- In jeder weiteren Runde muss immer ein weiterer Holzstopfen aus dem Labyrinth entfernt werden. Welcher Stopfen entfernt wird, berät die Gruppe jeweils zuvor.
- In jeder Runde darf sich die Gruppe zwei Fehlversuche (z. B. Kugel fliegt aus dem Labyrinth heraus oder fällt in ein Loch) leisten.

Pipeline

Die OPEC (Organisation Erdöl exportierender Länder) und die Europäische Union vereinbaren, eine Pipeline zwischen den Ölstaaten und dem europäischen Festland zu verlegen. Ingenieure und Techniker machen sich an die Arbeit, um dieses knifflige Projekt umzusetzen ...

Ziele: präzise zusammenarbeiten, sich aufeinander einstellen, ein gemeinsames Vorhaben planen und umsetzen
Ort: drinnen oder draußen
Dauer: mittel 30–40 min
Material: 4 große Murmeln (à 2 cm ∅), pro Teilnehmer eine Rinne (siehe Bauanleitung)

Vorbereitung:

Herstellung des Labyrinths:

1. Als Holzrinnen kann man Hohlkehlleisten (à 4 cm Breite und 3 cm Höhe) oder Dachrinnen aus einem Baumarkt verwenden.
2. Die Hohlkehlleisten bzw. Dachrinnen in ca. 40 cm lange Stücke sägen – fertig sind die Rinnen!

Hinweis: Das Spiel „Pipeline" ist in ähnlicher Ausführung bei der Firma METALOG training tools erwerbbar.

Durchführung:

- Mithilfe von Rinnen, die wie eine Pipeline aneinandergereiht werden müssen, versucht die Gruppe, eine oder mehrere Murmeln über eine festgelegte Strecke zu transportieren.
- Dabei gelten folgende **Regeln**:
  1. Jeder Teilnehmer erhält eine Rinne und hält sie von unten mit seinen Händen fest.
  2. Die Murmeln dürfen nicht mit Körperteilen angehalten oder berührt werden.
  3. Derjenige, auf dessen Rinne sich eine Murmel befindet, darf sich mit seinen Füßen nicht von der Stelle bewegen.
- Die Gruppe sollte zunächst nur eine Murmel transportieren. In weiteren Runden kann die Murmelanzahl dann erhöht werden.

Puzzlekran

Koordination

Zur diesjährigen Spielzeugmesse will die für Puzzles bekannte Firma Puzzle-König ein Highlight bieten. Als Eye-Catcher soll auf dem zentralen Messeplatz mit einem computergesteuerten Kran ein riesiges Puzzle zusammengesetzt werden. Da kommt es auf Präzisionsarbeit an ...

Ziele: miteinander kommunizieren, eine gemeinsame Strategie absprechen und präzise zusammenarbeiten
Ort: drinnen oder draußen
Dauer: mittel 30–40 min
Material: Puzzleteile und Puzzlekran (siehe Bauanleitungen), je ein Seil à 5 m Länge für 2 Teilnehmer

Vorbereitung:

Herstellung der Puzzleteile:

1. Auf einer Multiplexplatte (à 90 cm × 60 cm und 14 mm Stärke) ein Motiv aufzeichnen (z. B. das Logo der Schule).
2. Die Platte drehen und 15 etwa gleich große Puzzleteile (beliebiger Form) einzeichnen.
3. Mit einer Stichsäge aus der Holzplatte Puzzleteile sägen.
4. Bei jedem Puzzleteil den Schwerpunkt ermitteln und an dieser Stelle auf der Motivseite eine Ringschraube (à 0,8 cm Länge und 2 cm Ringdurchmesser) befestigen.

Herstellung der Hebeplattform des Puzzlekrans:
1. Auf einer Multiplexplatte (à 30 cm × 35 cm und 18 mm Stärke) ein Sechseck mit einer Seitenlänge von 16 cm einzeichnen (Winkel: 120 Grad; Eckenmaß: 32 cm) und anschließend aussägen.
2. An jeder Ecke ein Loch (à 10 mm ∅) bohren (Abstand vom Rand: 2,5 cm).
3. Zwischen zwei benachbarten Ecklöchern jeweils zwei weitere Löcher in gleichmäßigem Abstand (ca. 4,5 cm) bohren (Abstand vom Rand: 2,5 cm).
4. Alle Löcher, an ihnen werden später die Seile befestigt, mittels eines Senkers entgraten. In die Mitte des Sechsecks mit einem Forstnerbohrer ein Loch (à 15 mm ∅) bohren, in dieses wird später der Hebearm gesteckt.

Herstellung des Hebearms vom Puzzlekran:
1. Einen Rundstab aus Buche à 15 mm ∅ auf eine Länge von 30 cm bringen. In die Mitte der oberen Grundfläche ein Loch à 3,5 mm ∅ bohren und darin das Grobgewinde einer Stockschraube (à M4 Gewindegröße) befestigen.
2. In die untere Grundfläche ein engeres Loch à 2,5 mm ∅ bohren. Einen Deckenhaken à 3 mm ∅ auf einem Schraubstock so aufbiegen, dass man den Haken später ohne viel Mühe in die Ringschrauben der Puzzleteile ein- und ausführen kann, und ihn anschließend in das engere Loch unten am Hebearm einschrauben.
3. Den fertigen Hebearm in das Mittelloch der Hebeplattform stecken und auf das Feingewinde der Stockschraube einen Möbelknopf (∅ > 15 mm; Innengewinde: M4) drehen – fertig ist der Kran!

Durchführung:

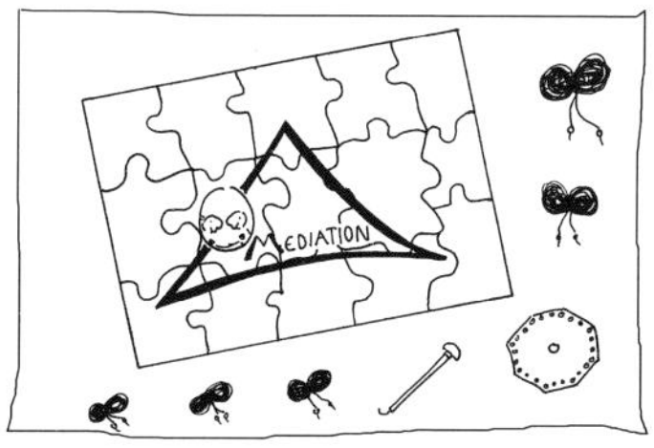

- Die Puzzleteile werden ungeordnet auf den Boden gelegt. Der Kran wird aus Hebeplattform und Hebearm zusammengebaut und die Seile werden gleichmäßig verteilt daran angebracht.
- Die Gruppe nimmt die Seile in die Hand und legt mithilfe des Krans (Haken jeweils in die Ösen der Puzzleteile einführen) das Puzzle.

Schwebender Stab

Koordination

***Eine Tiefbaufirma muss schwere Rohre verlegen.
Da sie aus einem kostbaren und zudem hochempfindlichen Material bestehen, müssen die Rohre langsam und sorgfältig – mit mehreren Kränen gleichzeitig – in den Graben gelegt werden …***

Ziele: präzise zusammenarbeiten, sich konzentrieren, miteinander kommunizieren
Ort: drinnen oder draußen
Dauer: kurz 10–20 min
Material: je ein runder Kabelkanal (à 1 m Länge, Bezeichnung: EN 20) für 4 Personen oder ein Hula-Hoop-Reifen (siehe Variante)

Durchführung:

- Die Teilnehmer stellen sich in zwei Reihen gegenüber auf und strecken ihre Zeigefinger auf Hüfthöhe aus.
- Auf die ausgestreckten Zeigefinger legt der Spielleiter den Kabelkanal (ein Kabelkanal bei 4 Personen, 2 zusammengesteckte bei 8 und 3 bei 12 Personen usw.).
- Aufgabe der Gruppe ist es nun, diesen auf dem Boden abzulegen.
- Dabei gelten folgende **Regeln**:
  1. Jeder Teilnehmer darf den Kabelkanal nur von unten und ausschließlich mit den beiden Zeigefingern halten.
  2. Niemand darf ihn von oben (z. B. mit einem Finger) festhalten.
  3. Niemand darf den Fingerkontakt zum Kabelkanal verlieren.
- In der Regel bewegt sich der „schwebende Stab" nach oben. Dies liegt daran, dass alle versuchen, Kontakt zu ihm zu halten und somit mit ihren Zeigefingern eine Aufwärtsbewegung verursachen.
- Nach den ersten misslungenen Versuchen sollte man die Gruppe darauf hinweisen, dass die Übung am besten gelingt, wenn es einen Leiter gibt, der die anderen instruiert, und die restlichen Teilnehmer sich nur auf sich selbst konzentrieren und nicht reden.

Varianten:

- Die Teilnehmer dürfen jeweils nur mit einen Zeigefinger den Kabelkanal halten.
- Die Übung wird mit einem Hula-Hoop-Reifen durchgeführt. Bis zu zehn Mitspieler stellen sich dazu im Kreis auf.

Hinweis:

Größere Gruppen teilt man am besten zunächst in mehrere Kleingruppen (à 4 Personen), welche die Übung zunächst für sich durchführen. Am Ende kommen dann alle zusammen und führen die Übung mit mehreren zusammengesteckten Kabelkanälen gemeinsam durch.

Schwebendes Tablett

Koordination

Beim Kellnerfestival in Islantila müssen die Kellner ihre gefüllten Tabletts entlang der überfüllten Strandpromenade tragen. Natürlich muss trotzdem alles unbeschädigt bei den Gästen ankommen ...

Ziele: sich konzentrieren, miteinander kommunizieren, präzise zusammenarbeiten
Ort: drinnen oder draußen
Dauer: kurz 15–20 min
Material: Trinkbecher, Besteck sowie ein tiefer und ein flacher Teller aus Plastik, ein Tablett und je ein Seil (à 5 m Länge) für 2 Teilnehmer

Vorbereitung:

Herstellung des Tabletts:

1. Wenn Sie bereits das Labyrinth (siehe Seite 77) gebaut haben, können Sie einfach die Unterseite des Labyrinths als Tablett nutzen.
2. Für ein neues Tablett müssen in eine Multiplexplatte (à 40 cm × 50 cm und 14 mm Stärke) 20 Löcher à 10 mm ∅ gleichmäßig am Rand verteilt (Abstand vom Rand: 2,5 cm) gebohrt werden (in jede Ecke ein Loch; an jede Längsseite weitere fünf und an jede Breitseite weitere drei).
3. Die Löcher, an denen später die Seile befestigt werden, mit einem Senker entgraten.

- Der Spielleiter bereitet einen Hindernis-Parcours vor, der in Abschnitte eingeteilt ist, z. B.:
  1. **im Wald:** über Stock und Stein,
  2. **in der Schule:** unterm Tisch durch,
  3. **im Treppenhaus:** über Treppen und durch die Gänge,
  4. **auf dem Schulhof:** über Bänke, Hügel, feste Tische, gespanntes Seil (Höhe: ca. 40 cm) usw.
- Am Start werden die Seile gleichmäßig verteilt am Tablett befestigt.
- Auf das Tablett werden das Kunststoff-Geschirr und -Besteck positioniert.

Durchführung:

- Die Teilnehmer stehen im Kreis und heben das Tablett gemeinsam mithilfe der Seile an.
- Die Aufgabe der Gruppe ist es nun, das Tablett auf diese Weise über den Parcours ins Ziel zu transportieren.
- Fällt etwas vom Tablett herab, muss die Gruppe den letzten Abschnitt des Parcours wiederholen, bevor es mit einem neuen Abschnitt weitergeht.

Schweizer Käse

Koordination

Die Kühe muhen schon, weil sie endlich gemolken werden wollen, doch der Almbauer Rudolf aus dem Berner Oberland lässt sich nicht aus der Ruhe bringen. Er ist fasziniert von seinem neuen Hobby: Stundenlang balanciert er eine Kugel geschickt an den Löchern eines großen Emmentaler Käsestücks vorbei ...

Ziele: präzise zusammenarbeiten, sich konzentrieren, miteinander kommunizieren
Ort: drinnen oder draußen
Dauer: kurz 15–20 min
Material: Spielbrett „Schweizer Käse", je ein 5-m-Seil für 2 Teilnehmer, Metallring (à 1 cm Stärke mit Loch à 4 cm ∅), Murmel (à 25 mm ∅)

Vorbereitung:

Herstellung des Spielbretts „Schweizer Käse":

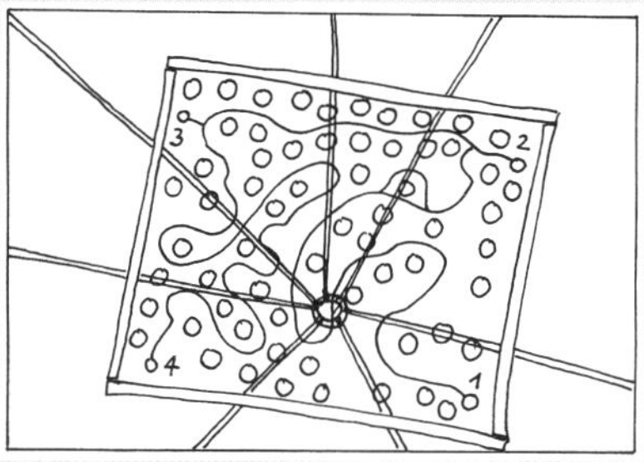

1. An jeder Seite der Grundfläche einer Multiplexplatte (à 80 cm × 60 cm und 2,4 cm Stärke) immer 3 cm von der Kante und 7 cm von der Ecke entfernt je eine Klemmschelle festschrauben (EN 20; Elektrobedarf; Gesamtbedarf bei 4 Seiten: 8 Klemmschellen).
2. Anschließend je zwei Kabelkanäle à ca. 77 cm und 54 cm Länge (EN 20, Elektrobedarf) mit einer Eisensäge zusägen und in den Klemmschellen befestigen, sodass das Spielbrett eine Bande erhält, die dafür sorgt, dass der Metallring auch in Aktion nahe am Spielfeld bleibt.
3. Nun das Spielfeld gestalten. Dazu auf dem Feld innerhalb der Bande ein oder mehrere Parcours eingezeichnen (bei mehreren verschiedenfarbige Permanent-Marker verwenden). Dabei darauf achten, dass die Wege an allen Stellen mindestens 6 cm von der Bande entfernt sind.
4. Anschließend neben die Wege (siehe Abbildung) mithilfe eines Forstnerbohrers diverse „Käse"-Löcher (à 3 cm ∅) bohren.

- Das Spielbrett „Schweizer Käse" wird auf den Boden gelegt.
- Die vier Kabelkanäle werden aus den Klemmschellen herausgenommen.
- Der Metallring wird auf das Spielfeld gelegt und dann werden die Seile an ihm festgeknotet und sternförmig ausgelegt.
- Sind die Seile straff gezogen, können die Kabelkanäle als Bande wieder in den Klemmschellen befestigt werden. Die Seile führen also unter der Bande hindurch.
- Nun wird die Murmel auf den Metallring gelegt und auf ihre Startposition gebracht.

Durchführung:

- Die Gruppenmitglieder nehmen die Seile in die Hand und haben die Aufgabe, mithilfe des Metallringes die Murmel durch den vorgezeichneten Parcours zu manövrieren, ohne dass sie dabei in ein Loch rollt.
- Sollte sie doch in ein Loch rollen, gilt das als Fehler, der vermerkt wird, und das Spiel wird an dieser Stelle fortgesetzt. Je weniger Fehler zusammenkommen, umso besser ist das Spiel gelaufen. Auf das Fehlerzählen kann verzichtet werden, wenn man nach jedem Fehler den Parcours wieder von vorn beginnt. Je weiter man dann im Parcours kommt, desto besser ...

Variante:

Statt eines Parcours werden lediglich nummerierte Zielpunkte auf dem Spielbrett eingezeichnet, die auf beliebigen Wegen in der richtigen Reihenfolge erreicht werden müssen.

Sicherheitstransport

Koordination

In einem Reaktor hat es einen Unfall gegeben.
Ein Sicherheitsteam muss die verstrahlten Gegenstände vorsichtig bergen und in ein sicheres Endlager transportieren ...

Ziele: Hand in Hand zusammenarbeiten, sich absprechen, ein Vorhaben planen und umsetzen
Ort: draußen oder in der Turnhalle
Dauer: mittel 20–30 min
Material: 8 zusammensteckbare Hula-Hoop-Reifen, ein Seil (à 5 m Länge) pro Teilnehmer, eine Augenbinde
im Startfeld: Fußball, Pylon, mit Luft gefüllter Luftballon, Stock, Karton, ein Eimer, ein Plastikteller

Vorbereitung:

Zwei Felder (jeweils à ca. 3,2 m ∅, in einem Abstand von 30 m) werden mit jeweils einem großen Ring (aus vier zusammengesteckten Hula-Hoop-Reifen) gekennzeichnet. Im Startfeld befinden sich ein Fußball, ein Pylon, ein mit Luft gefüllter Luftballon, ein Stock, ein Eimer, ein Karton und ein Plastikteller.

Durchführung:

- Die Gruppe muss alle Materialien vom Start- zum Zielfeld transportieren.
- Dabei gelten folgende **Regeln**:

1. Start- und Zielfeld sind Sperrzonen und dürfen weder betreten noch mit den Händen berührt werden.
2. Die Transportgüter dürfen nur mit dem Seil berührt werden.
3. Die Seile dürfen nicht verknotet werden.
4. Alle Teilnehmer müssen am Transport von jedem Gegenstand beteiligt sein.
5. Fällt Material auf dem Transportweg zu Boden, müssen alle Materialien zurück ins Startfeld und die Übung beginnt von vorn.

Variante:

Bei jedem Transport muss ein „Blinder" (Teilnehmer mit Augenbinde) beteiligt sein.

Hinweis:

Als Transportgüter können auch andere Materialien benutzt werden.

Spurensuche

Koordination

Ein Expertenteam ist zur Wüste aufgebrochen, um dort nach noch lebenden Exemplaren einer vom Aussterben bedrohten Schlangenart zu suchen. Mit der neuesten Erfindung – einem hochsensiblen Spurensucher – dürfte das kein Problem sein ...

Ziele: präzise zusammenarbeiten, miteinander kommunizieren, sich konzentrieren
Ort: draußen oder drinnen auf einem glatten Untergrund
Dauer: kurz 10–15 min
Material: Spurensucher, ein langes Seil à 20 m Länge, je ein Seil (à 5 m Länge) für 2 Teilnehmer

Vorbereitung:

Herstellung des Spurensuchers:

1. Aus einer Multiplexplatte (à 24 mm Stärke) vier Kreise unterschiedlichen Durchmessers sägen: Kreis A: 35 cm, B: 25 cm, C: 15 cm, D: 5 cm (siehe Tipp).
2. Durch Kreisplatte (A) umlaufend 16 Löcher à 10 mm ∅ gleichmäßig verteilt bohren und mit einem Senker entgraten (Abstand vom Rand: 2,5 cm).
3. Die Kreise der Größe nach – wie eine Kreispyramide – aufeinander legen und miteinander verschrauben.
4. Anschließend drei quadratische Multiplexplatten (à 20 cm × 20 cm und 24 mm Stärke) genau aufeinander legen und mittig unter der „Kreispyramide" festschrauben.
5. An jeder Ecke der untersten quadratischen Multiplexplatte eine Lenkrolle mit Softgummirollen (à 4 cm ∅) anschrauben. Fertig ist der Spurensucher!

Tipp: Zum **Sägen von Kreisen** einen Nagel in die Multiplexplatte schlagen. In eine Maurerschnur zwei Schlaufen knoten, wobei der Abstand zwischen den beiden Schlaufen-Enden dem Radius des Kreises entsprechen soll. Die eine Schlaufe um den Nagel legen, in die zweite Schlaufe einen Bleistift stecken und nun auf Zug einen Kreis um den Nagel zeichnen und ihn anschließend mit einer Stichsäge vorsichtig aussägen.

Durchführung:

- An den Randlöchern des Spurensuchers werden die Seile à 5 Metern Länge gleichmäßig verteilt befestigt. Die Teilnehmer stehen im Kreis um den Spurensucher herum und erhalten je ein Seilende. Das lange Seil wird nun als gerade Linie auf den Boden gelegt.
- Die Gruppe hat die Aufgabe, mithilfe der Seile den Spurensucher über das auf dem Boden liegende Seil zu manövrieren. Dabei muss das Seil immer zwischen den Rollen liegen. Die Rollen dürfen das Seil nicht berühren und müssen immer den Kontakt zum Boden behalten.
- Bei einer weiteren Runde kann man das Seil in Schlangenlinien legen und damit den Schwierigkeitsgrad erhöhen.

Storchennest

Koordination

Ein Storchenpaar hatte endlich einen Schornstein gefunden, ein Nest gebaut und ein Ei gelegt. Doch eines Nachts musste das Paar samt Ei auf einen anderen Schornstein umziehen, denn das Gequake am benachbarten Teich hatte sie wirklich zu sehr genervt ...

Ziele: präzise zusammenarbeiten, sich verständigen, einander Vertrauen, Verantwortung übernehmen
Ort: drinnen oder draußen
Dauer: mittel 20–25 min
Material: Tennisball oder rohes Ei (nur draußen), Metallring (à 1 cm Stärke und Loch à 4 cm ∅), 2 Plattformen mit Sockel, je ein Seil (à 5 m Länge) für 2 Personen, Augenbinden

Vorbereitung:

Herstellung einer Plattform mit Sockel:
1. Holzteile im Baumarkt zusägen lassen.
2. In die Mitte einer Multiplexplatte (à 20 cm × 20 cm und 24 mm Stärke) mit einem Forstnerbohrer ein Loch (à 25 mm ∅) bohren.
3. Als Sockel dient ein Rundstab aus Buche à 30 cm Länge und 25 mm ∅. An seinem oberen Ende mit einem Senker eine Mulde fräsen, damit dort der Ball bzw. das Ei abgelegt werden kann.
4. Den Rundstab in das Loch der Plattform stecken. Fertig!

Hinweis: Das Spiel ist in ähnlicher Ausführung bei der Firma METALOG training tools unter dem Namen „Balltransport" erwerbbar.

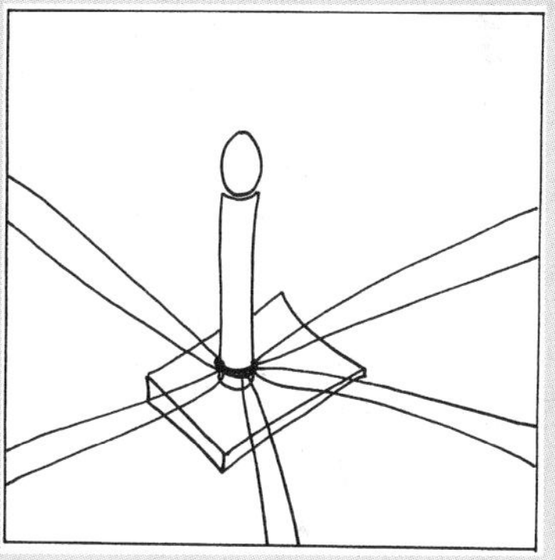

Durchführung:

- Die Gruppe steht in einem Kreis à ca. 5 Meter ∅. In der Mitte steht eine der beiden Plattformen mit Sockel. Um diesen Sockel liegt der Metallring. An dem Ring sind die Seile festgeknotet, die sternförmig vom Ring ausgehen.
- Die Lehrkraft oder der Gruppenleiter platziert Tennisball (oder Ei) auf dem Sockel und erklärt die Aufgabenstellung.
- Die Teilnehmer wählen unter sich zunächst einen Spielleiter, der die Gruppe während der Übung „dirigieren" soll.
- Außer ihm legen alle Augenbinden an. Dann erhält jeder ein Seilende, an dem er die Bewegung des Metallrings beeinflussen kann.
- Ziel ist es, mithilfe der Anweisungen des Spielleiters den Ball vom einen auf den anderen Sockel zu transportieren, ohne dass er dabei herunterfällt.

Variante:

Statt Plattform mit Sockel kann man auch ein Rohr (à 30 cm Länge und 20 bis 25 mm ∅), das in einem Eimer mit Sand oder in der Erde steckt, verwenden.

Tanklastzug

Koordination

Ein Kraftfahrerteam einer Mineralölgesellschaft muss eine Tankstelle mit neuem Treibstoff von einer Raffinerie beliefern. Unter Zeitdruck, aber dennoch mit größter Vorsicht, macht sich das Team mit seiner hochexplosiven Ladung auf den Weg. Auf der Fahrt geht es über Stock und Stein. Bei den engen Passagen ist fahrerisches Geschick gefordert.

Ziele: präzise zusammenarbeiten, ein gemeinsames Vorhaben absprechen und umsetzen, sich verständigen
Ort: draußen auf einer glatten, waagrechten Fläche (z. B. auf dem Schulhof)
Dauer: mittel 25–35 min
Material: Rollbrett, je ein Seil (à 5 m Länge) für 2 Personen, 2–4 Stöcke, ein Seil à 20 m Länge, Steine, ein 5-Liter-Eimer, 2 Speisfässer, ein 1-Liter-Gefäß

Vorbereitung:

Herstellung des Rollbretts: Schild der Übung „Schildträger“ (siehe Seite 114) umbauen. Dazu vier Gelenkrollen mit je mindestens 100 kg Tragkraft, Gummibereifung und Kugellager in quadratischer Anordnung 5 cm vom Rand entfernt mit Rundkopfschrauben, Unterlegscheiben und Flügelmuttern befestigen (oder Europalette mit Gelenkrollen ausrüsten).

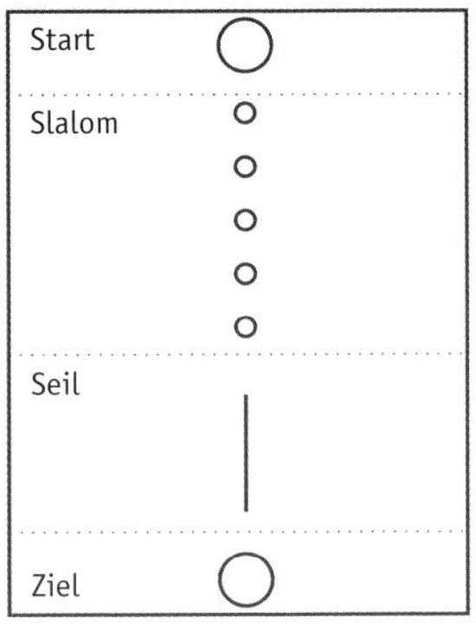

- Der Spielleiter richtet einen Parcours ein (siehe Skizze).
- Dem **Startfeld** mit einem Speisfass – gefüllt mit Wasser, Sand oder kleinen Bällen – folgen eine **Slalomstrecke** (Steine als „Slalomstangen“) und ein Bereich, in dem ein **Seil** gerade auf den Boden ausgelegt ist.
- Im **Ziel** steht ein leeres Speisfass.

Durchführung:

- Die Teilnehmer müssen unter Zeitdruck „Treibstoff“ von der „Raffinerie“ zu einer „Tankstelle“ liefern.
- Die Gruppe muss also in einem festgelegten Zeitraum (abhängig von „Kraftstoffmenge“ und Parcourslänge) eine bestimmte „Kraftstoffmenge“ (Wasser, Sand oder Bälle) vom Start ins Ziel bringen.
- Bevor die Zeit läuft, darf die Gruppe sich beraten.
- Es gelten folgende **Regeln**:
  1. Die Rollbrettfahrer dürfen den Boden außerhalb des Startfeldes nicht berühren.
  2. Die Ladung darf nur im Eimer auf dem Rollbrett transportiert werden.
  3. Die Steine im Slalomparcours dürfen nicht angefahren werden.
  4. Das gerade Seil muss sich zwischen den Rädern des Rollbretts befinden und darf nicht „überfahren“ werden.
  5. Für jeden Fehler muss die Gruppe (als Strafe) ein Liter bzw. ein Teil vom Transportgut abgeben.

Varianten:

- Zunächst werden Seile an den Löchern zweier gegenüberliegender Seiten des Rollbrettes befestigt. Zwei bis vier Mitspieler knien neben der Ladung auf dem Rollbrett. Mithilfe der Seile – die „Seilhalter“ dürfen die Strecke betreten – wird das Rollbrett samt „Ladung“ durch den Parcours bewegt. In der nächsten Runde wechselt die „Besatzung“.
- Eine bestimmte Anzahl an Mitspielern (vorher festlegen!) bewegt sich auf den Rollbrettern mithilfe von Stöcken durch den Parcours.

Teamzeichner

Koordination

Auf die Pariser Champs-Élysées wollen einige Straßenkünstler gemeinsam ein Bild malen. Zunächst versuchen sie, sich auf ein Motiv zu einigen. Jeder hat da aber so seine eigenen Vorstellungen ...

Ziele: präzise zusammen arbeiten, sich verständigen, Fantasie und Kreativität entwickeln
Ort: drinnen oder draußen auf glattem Untergrund
Dauer: mittel 20–30 min
Material: Teamzeichner (siehe Bauanleitung), Moderationsmarker, je ein Seil (à 5 m Länge) für 2 Personen, Flipchart-Papier, Malerklebeband

Vorbereitung:

Herstellung des Teamzeichners:

1. Aus einer Multiplexplatte (à 35 cm × 35 cm und 24 mm Stärke) mit einer Stichsäge freihändig die Form einer Qualle sägen (siehe Abbildung). Die „Tentakel" müssen mindestens 5 cm breit sein, damit sie nicht zu leicht abbrechen.
2. In die Tentakel werden Löcher (à 10 mm ∅) gebohrt, die vom Rand einen Abstand von mindestens 2 cm haben sollten, damit sie nicht ausreißen. Jeweils für zwei Teilnehmer benötigt man ein Loch. Die Löcher werden mit einem Senker entgratet.

3. In die Mitte der „Qualle" wird ein quadratisches Stück Multiplexplatte (à 6 cm × 6 cm und 24 mm Stärke) mit Kontaktkleber oder Schrauben befestigt.
4. In die Mitte dieses Quadrats wird wiederum mit einem Forstnerbohrer ein Loch (à 20 mm ∅) gebohrt, in dem ein Rohr (à 20 mm ∅ und 10 cm Länge) mit Kontaktkleber fixiert wird, das als Halterung für den Moderationsmarker dient.

Hinweis: Das Spiel ist in ähnlicher Ausführung unter dem Namen „Strippenzieher" bei der Firma Karl-Schubert-Werkstätten und Wohngemeinschaften e.V. unter www.ksw-ev.de erhältlich.

- Ein Flipchartpapier wird in der Mitte eines Raumes oder einer freien Fläche mit Klebeband auf dem Boden fixiert.
- Am Teamzeichner werden die Seile befestigt und der Moderationsmarker wird in das Rohr gesteckt.

Durchführung:

- Die Teilnehmer stellen sich im Kreis um den Teamzeichner auf und jeder ergreift ein Seilende.
- Aufgabe der Gruppe ist es, mithilfe des Teamzeichners auf das Flipchartpapier ein einfaches Bild zu zeichnen.
- Der Teamzeichner darf nur über die Seile bewegt werden.
- Bevor die Gruppe mit dem Zeichnen beginnt, bespricht sie, was gezeichnet werden soll.

Variante:

Der Gruppe stehen Moderationsmarker verschiedener Farben zur Verfügung, sodass ein mehrfarbiges Bild gestaltet werden kann.

Turmkran

Koordination

In Frankfurt soll ein neues Mega-Hochhaus gebaut werden.
Die Kräne stehen bereit, um dieses herausfordernde Groß-Projekt zu verwirklichen ...

Ziele: präzise zusammenarbeiten, sich verständigen, sich konzentrieren, durchhalten
Ort: drinnen oder draußen
Dauer: mittel 30–40 min
Material: Turmkran, 6 Holzquader (9 cm × 9 cm × 20 cm), je ein Seil (à 5 m Länge) für zwei

Vorbereitung:

Herstellung der Quader:

1. Aus einem Vierkantholz (à 9 cm × 9 cm) sechs Quader à 20 cm Höhe zusägen.
2. Anschließend Quader jeweils so aufstellen, dass eine der beiden quadratischen Seiten aufliegt und mit einer Handkreissäge oben in die Mitte der anderen quadratischen Seite zwei Schlitze (à 0,5 cm Breite und 5 cm Tiefe) in Form eines Kreuzes parallel zu den Seitenkanten einsägen.
3. In eine der Längsseiten parallel zur Oberkante (im Abstand von 9 cm) einen weiteren Schlitz (à 0,5 mm Breite und 5 cm Tiefe) sägen.

Herstellung der Hebeplattform vom Turmkran: siehe Hebeplattform des Puzzlekrans, S. 79.

Herstellung des Hebearms vom Turmkran:

1. Einen Rundstab (aus Buche, à 15 mm ∅ und 30 cm Länge) anfertigen. In die Mitte der Grundfläche eines Endes ein Loch (à 3,5 mm ∅) bohren und darin das Grobgewinde einer Stockschraube (Gewindegröße: M4) befestigen.
2. Am anderen Ende des Rundstabs (2 cm oberhalb von der unteren Grundfläche) ein Loch (à 4 mm ∅) durch den Querschnitt bohren.
3. Einen Draht (à 2 mm ∅ und 70 cm Länge) in einem Schraubstock zu einem Rechteck (à 10 cm × 18 cm) biegen. Die beiden Überstände (möglichst gleicher Länge) von beiden Seiten durch das Loch am Hebearm einfädeln und mittig fixieren, dazu den überstehenden Draht um 90 Grad nach oben (parallel zum Stab) biegen, sodass er anschließend am Rundstab mit Gewebeband fixiert werden kann. Fertig ist der Hebearm!
4. Den Hebearm mit der Stockschraube in das mittlere Loch der Hebeplattform stecken und auf das Feingewinde der Schraube einen Möbelknopf (∅ > 15 mm; Innengewinde: M4) drehen. Fertig ist der Turmkran!

Hinweis: Das Spiel „Turmkran" ist in ähnlicher Ausführung unter dem Namen „Tower of Power" bei der Firma METALOG training tools erwerbbar.

Durchführung:

- Sechs Holzquader werden mit jeweils ca. 10 cm Abstand voneinander auf den Boden verteilt aufgestellt.
- Der Spielleiter befestigt die Seile an der Hebeplattform und reicht allen Mitspielern, die sich um sie herum positioniert haben, ein Seilende.
- Die gemeinsame Aufgabe der Gruppe ist es, den Turmkran mithilfe der Seile zu bedienen und damit die Holzquader übereinander zu einem Turm zu stapeln.
- Dies geschieht, indem der Bügel jeweils in die horizontalen Schlitze der Quader eingeführt wird. So kann der jeweilige Quader angehoben und auf die anderen gestellt werden.
- Wurde der Bügel wieder aus dem Schlitz herausgezogen, darf der oberste Quader noch mit den Händen ausgerichtet werden.
- Fällt ein Holzquader oder gar der ganze Turm um, muss er mit dem Teamkran erneut aufgestellt werden.

Verflixt flottes Rohr

Koordination

Als Meister Röhrig auf der Baustelle eintrifft, traut er seinen Augen nicht. Statt zu arbeiten und die Abflussrohre zu installieren, haben Werner und Eckhard nichts als Unsinn im Kopf. Sie spielen mit Rohren und Zuleitungen des Gasbrenners. Doch sie haben Glück, dem Meister gefällt das Spielchen ...

Ziele: sich konzentrieren, sich verständigen und präzise zusammenarbeiten
Ort: drinnen oder draußen
Dauer: kurz 15–20 min
Material: „flottes Rohr" (siehe Bauanleitung), Tennisball, 8 Seile (à 5 m Länge)

Vorbereitung:

Herstellung des „flotten Rohrs":

1. Am besten eignet sich ein Rohrbogen (à 105 mm ∅ und 45°) aus der Halbrunden-Dachrinnen-Produktpalette mit dem Nocke-Nut-System der Firma Marley, da man bei diesem Bogen den Ball von beiden Seiten in das Rohr einführen kann. Alternativ kann auch ein HT-Abwasser-Rohrbogen mit 45°-Winkel verwendet werden.
2. An jedem Ende des Rohrs vier Löcher (à 10 mm ∅ und 1,5 cm Abstand vom Rand) in gleichmäßigen Abständen bohren, sodass sich immer zwei Löcher gegenüberliegen. An diesen Löchern werden die Seile befestigt.

Hinweis: Das Spiel „Flottes Rohr" ist in ähnlicher Ausführung bei der Firma METALOG training tools erwerbbar.

Durchführung:

- Die Gruppe steht im Kreis. Das „flotte" Rohr liegt in der Mitte.
- Jeder Teilnehmer hält ein Seil fest, das an dem Rohr befestigt ist.
- Gemeinsam hebt die Gruppe das Rohr hoch.
- Der Spielleiter legt einen Tennisball in die Mitte, den die Gruppe mithilfe des Rohrs aufheben und anschließend darin zu einem vereinbarten Zielpunkt (z. B. Tisch, Eimer) transportieren und dort ablegen soll.
- Die Teilnehmer dürfen den Ball, um ihn leichter in das Rohr rollen zu lassen, weder mit der Händen berühren noch durch einen Widerstand (z. B. Wand, Stuhl oder Fuß) stoppen.

Variante:

Wenn die Gruppe den Ball mithilfe der Seile in das Rohr gehoben hat, kann sie in einer zweiten Runde versuchen, den Ball auf eine andere Weise in das Rohr zu befördern (z. B. durch Pusten).

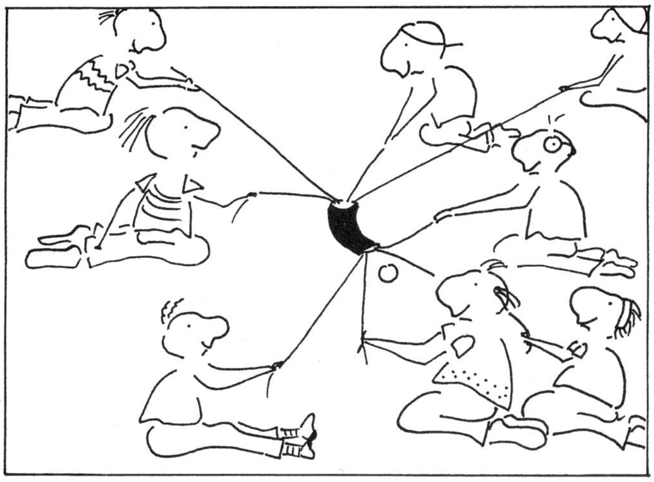

Verknoten

Koordination

Die Artisten des chinesischen Staatszirkus haben eine perfekte Körperbeherrschung und sind wahre Entfesselungskünstler. Für die nächste Aufführung studieren sie eine neue Hochseilnummer ein: Sie wollen gemeinsam ein langes Seil mehrmals verknoten, ohne es dabei loszulassen …

Ziele:	zusammenarbeiten, aufeinander achten, Berührungsängste abbauen, sich verständigen
Ort:	drinnen oder draußen
Dauer:	kurz 15–20 min
Material:	Seil (à 30 m Länge und 8–10 mm ∅), Augenbinden (nur für die Variante)

Durchführung:

- Die Mitspieler stellen sich (jeweils in einem Abstand von ca. 50 cm zu ihren beiden Nachbarn) nebeneinander in einer Reihe auf und ergreifen mit der rechten Hand das Seilstück, das der Spielleiter an ihnen entlangführt.
- Das Seil darf während des ganzen Spiels nicht losgelassen werden, auch Umgreifen ist nicht erlaubt.
- Die Gruppe hat nun die Aufgabe, Knoten in das Seil zu knüpfen, sodass am Ende zwischen zwei Mitspielern immer genau ein Knoten vorhanden ist.
- Bevor die Gruppe zur Tat schreitet, berät sie zunächst darüber, wie sich das Problem lösen lässt.

Variante:

Einige Mitspieler mit Augenbinden werden von den anderen verbal angeleitet.

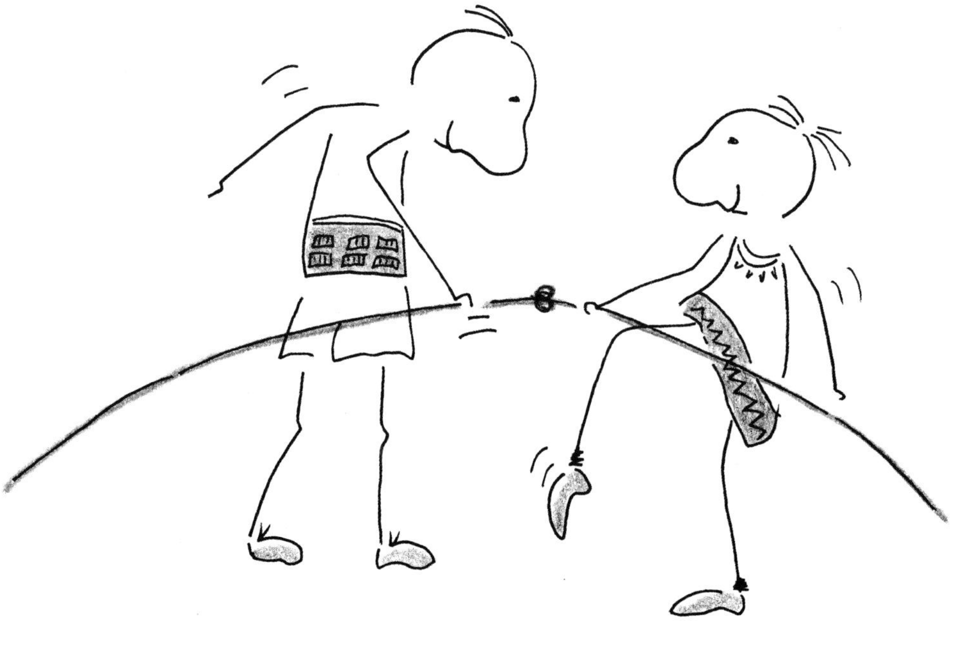

Verzwickte Seilschaft

Koordination

Eine Seilschaft ist mit einem losgelösten Schneebrett einen 50 Meter langen Abhang hinuntergerutscht. Alle sind unverletzt, doch das Seil, an dem sie angebunden und gesichert waren, hat sich dabei verdreht und verknotet ...

Ziele: zusammenarbeiten, aufeinander Rücksicht nehmen, Berührungsängste abbauen, miteinander reden
Ort: draußen
Dauer: kurz 10–20 min
Material: Seile à 30 m Länge und 1 cm ∅, Augenbinden (nur für die Variante)

Vorbereitung:

- Die Gruppe bildet einen Stehkreis.
- Ein Seil wird kreuz und quer auf dem Boden im Stehkreis verteilt.
- Jeder Teilnehmer erfasst das Seil an einer beliebigen Stelle.

Durchführung:

- Die Teilnehmer haben die Aufgabe, das Seil zu entwirren.
- Niemand darf das Seil loslassen, Umgreifen an derselben Stelle ist bei diesem Spiel jedoch erlaubt.

Varianten (mit höherem Schwierigkeitsgrad):

- Während der Übung darf nicht gesprochen werden.
- Einige Teilnehmer legen Augenbinden an.

Vorsicht Hochspannung!

Koordination

Ein Stromversorgungsunternehmen baut eine neue Hochspannungsleitung in den Alpen. Nachdem die Leitungen auf den Halterungen der Freileitungsmasten befestigt sind, muss das Expertenteam die Spannung auf den einzelnen Zuleitungen vorsichtig überprüfen ...

Ziele: präzise zusammenarbeiten, sich miteinander verständigen, sich konzentrieren
Ort: draußen oder drinnen
Dauer: mittel 25–35 min
Material: Spannungsprüfer, je ein Seil (à 5 m Länge) für 2 Spieler, Seil bzw. Wollfaden (à ca. 7 m Länge), 12 Markierungskegel (Pylonen oder gefüllte Plastikflaschen), 2 lange Mikadostäbe (Stricknadeln oder dünne Äste) à ca. 50 cm Länge

Vorbereitung:

Herstellung der Hebeplattform des Spannungsprüfers:
siehe Hebeplattform des Puzzlekrans, Seite 79.

Herstellung der Kontakte des Spannungsprüfers:
Als Grundgerüst dient der Hebearm des Turmkrans (siehe Seite 88). An den beiden längeren Seiten des Drahtbügels jeweils einen langen Mikadostab mit Klebeband befestigen, sodass unterhalb des Drahtbügels ein nach unten offenes U entsteht (siehe Skizze unten).

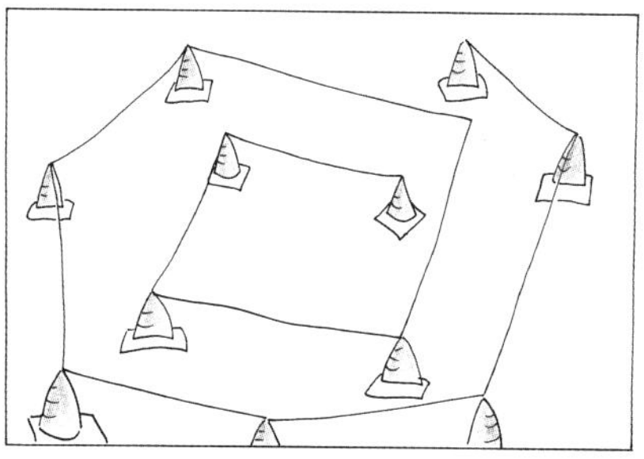

- Zunächst wird der Hochspannungsparcours vorbereitet: Das lange Seil wird als „Stromleitung“ (nicht zu eng) spiralförmig auf den Boden gelegt.
- Die Markierungskegel dienen als „Strommasten“ und werden im Abstand von jeweils 60 cm voneinander unter der Stromleitung platziert. Das Seil wird mithilfe von Klebeband an den Kegelspitzen fixiert – fertig ist die Hochspannungsleitung!
- Die kürzeren Seile werden an den Randlöchern des Spannungsprüfers gleichmäßig verteilt befestigt (siehe Skizze unten).

Durchführung:

- Die Teilnehmer stellen sich im Kreis um den Spannungsprüfer herum auf und erfassen jeweils ein Seilende.
- Die Gruppe hat nun die Aufgabe, durch koordinierte Bewegungen der Seile den Spannungsprüfer an der Hochspannungsleitung entlang vom Start- bis zum Zielpunkt zu bewegen. Dabei muss sich die Leitung immer innerhalb des Kontaktfeldes, d. h. zwischen den beiden Mikadostäben unterhalb des Drahtbügels, befinden.
- Die Mikadostäbe und der Drahtbügel dürfen dabei die Stromleitung nicht berühren. Die Markierungskegel dagegen dürfen davon berührt werden und als Ruhepunkt und Etappenziel verwendet werden.
- Wird ein „regelwidriger Kontakt“ hergestellt, muss die Gruppe zur Strafe eine Etappe (bis zum zuletzt erreichten Markierungskegel) mit dem Spannungsprüfer „zurückgehen“.
- In einer weiteren Runde kann der Hochspannungsparcours (z. B. als Zickzackkurs) neu gestaltet werden.

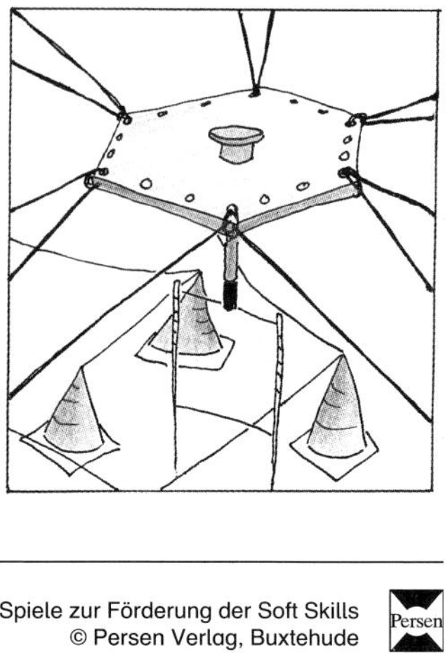

Wassergeschosse

Koordination

Das Königreich des Wasserbarons wird vom Herrscher der Flammen angegriffen. Die Wasserträger des Barons können das Feuerheer nur dann zurückdrängen, wenn sie die feurigen Herzen der Flammen-Krieger mit Wasserkatapulten auslöschen. Doch der Transport der Wassergeschosse an die Front ist nicht einfach ...

Ziele: miteinander kommunizieren, ein gemeinsames Vorhaben genau planen und umsetzen
Ort: draußen
Dauer: mittel 25–35 min
Material: 9 Pylonen, ca. 200 Wasserbomben, Wasserleitung (oder -fass), Luftpumpe, je ein robuster Gewebesack (oder Handtuch) pro Tandem, Speisfass, Seil à 10 m Länge, ein Eimer

Vorbereitung:

- Der Parcours wird durch Pylonen in **drei Sektoren** unterteilt:
  1. **Start:** Hier befindet sich die „Wasserbefüllungsstation",
  2. **Transportstrecke:** ca. 30 bis 50 Meter,
  3. **Ziel:** Auffangstation mit Speisfass und Eimer.
- Zwischen dem zweiten und dritten Sektor ist das Seil in einer Höhe von ca. zwei Metern befestigt.

Durchführung:

- Die Gruppe soll zehn Liter Wasser zum Ziel befördern.
- Sie nimmt zunächst die Aufgabenverteilung vor. Wenn sie später ihre Einteilung nochmals verändern will, müssen alle wieder zusammenkommen, um sich gemeinsam zu beraten.
- **Im ersten Sektor** werden die Wasserbomben befüllt – entweder am Wasserhahn oder aus einem Wasserfass mithilfe einer Luftpumpe.
- **Im zweiten Sektor** dürfen die Wasserbomben nur mithilfe der Gewebesäcke befördert werden. Dazu werden Tandems gebildet, die mit den Händen die Enden eines Gewebesacks festhalten, mit dem die Wasserbomben in die Luft geschleudert und auch gefangen werden können. Das Tandem, auf dessen Sack sich gerade eine Wasserbombe befindet, darf sich erst wieder vom Fleck bewegen, wenn es die Wasserbombe weitergeschleudert hat. Wenn Wasserbomben unversehrt auf dem Boden landen, müssen sie wieder in den ersten Sektor zurückgebracht werden.
- **Vom zweiten in den dritten Sektor** muss jede Wasserbombe einzeln über das Seil geschleudert werden und anschließend von einem oder zwei Mitspieler/n mit dem Speisfass aufgefangen werden. Diese schütten anschließend das Wasser der Wasserbomben in den Eimer, indem sie diese z. B. mit den Händen zum Zerplatzen bringen.
- Wasserbomben, die nicht über das Seil gelangen, müssen – sofern sie nicht zerplatzt sind – wieder in den ersten Sektor zurückgebracht werden.

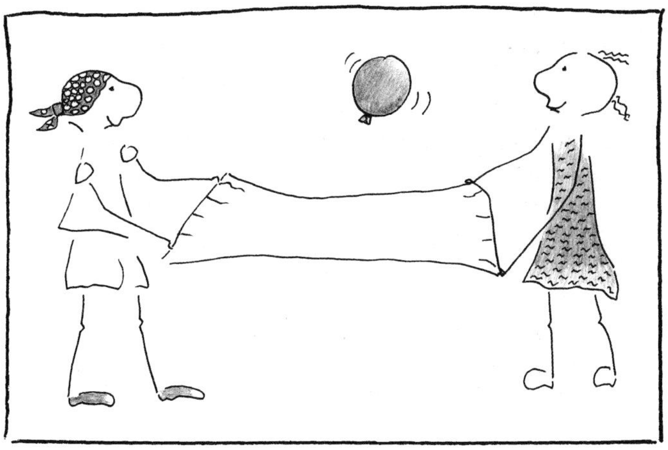

Varianten:

- Statt der Wasserbomben kann man auch Bälle einsetzen, wobei der Spaßfaktor dabei erheblich geringer ausfällt.
- Das Spiel funktioniert auch ohne Säcke, dann wirft man sich die Wasserbomben einfach mit den Händen zu.

Wassertransport

Koordination

In einem afrikanischen Dorf herrscht absoluter Wassermangel. Deshalb gehen seine Bewohner zum weit entfernten Fluss. Dort angekommen stellen sie jedoch fest, dass keiner an die Gefäße für den Wassertransport gedacht hat. Außer ein paar Tüchern haben sie nichts Brauchbares dabei ...

Ziele:	Hand in Hand zusammenarbeiten, sich verständigen, ein Vorhaben planen und umsetzen
Ort:	Wald mit Bach, Schulhof mit Wasserfass o. Ä.
Dauer:	mittel 20–25 min
Material:	ein 10-Liter-Eimer, Speisfass, 5 Handtücher (à 90 cm × 45 cm), großer Ring (aus 5 zusammensteckbaren Hula-Hoop-Reifen), Stöcke aus dem Wald

Vorbereitung:

60 bis 70 Meter von einem Bach entfernt wird ein rundes Zielfeld (aus den Teilen von fünf zusammensteckbaren Hula-Hoop-Reifen) markiert, darin stehen Eimer und Speisfass.

Durchführung:

- Die Gruppe hat die Aufgabe, mithilfe der Handtücher 10 Liter Wasser aus dem Bach in den Eimer im Zielfeld zu befördern.
- Dabei gelten folgende **Regeln**:
  1. Alle Teilnehmer müssen am Transport beteiligt sein.
  2. Herumliegende Materialien des Waldes dürfen bei der Übung eingesetzt werden.
  3. Niemand darf mit den nassen Handtüchern in Körperkontakt geraten und sie daher auch nicht mit Händen oder Füßen berühren oder auswringen.
  4. Wer ein nasses Handtuch transportiert, darf sich in diesem Moment selber nicht von der Stelle bewegen. Nur der Sternschritt ist erlaubt (ein Fuß muss an seiner Position verharren, während sich der andere um ihn herum bewegt).
  5. Der 10-Liter-Eimer und das Speisfass müssen während des gesamten Spiels im Zielbereich verbleiben.
- **Planungsphase (10 min):** Die Gruppe bespricht zunächst ihre Vorgehensweise.
- **Durchführungsphase (15 min):** Die Gruppe besorgt Hilfsmaterialien aus dem Wald (z. B. Stöcke, mit denen man die nassen Handtücher weiterreichen kann) und erledigt die Aufgabe.

Variante:

In der Durchführungsphase haben einige Teilnehmer ein „Handicap" und spielen „stumm" oder „blind", sie dürfen dann also während der Übung nicht sprechen oder müssen eine Augenbinde anlegen.

Einkesseln

Strategie

***Familie Erdmann lebt direkt an einem Flussufer.
Jedes Jahr verkleinert sich ihr Grundstück aufgrund von Erdrutschen.
Ihr bleibt immer weniger Platz zum Leben. Es wird enger und enger ...***

Ziele: ein gemeinsames Vorhaben absprechen und umsetzen, aufeinander achten, Berührungsängste abbauen
Ort: drinnen oder draußen
Dauer: kurz 10–15 min
Material: 7 zusammensteckbare Hula-Hoop-Reifen à 80 cm ∅, Augenbinden (nur für die Variante)

Vorbereitung:

Alle Hula-Hoop-Reifen werden geöffnet, dann zu einem großen Ring (à ca. 6 Meter ∅) zusammengesteckt und auf den Boden ausgelegt.

Durchführung:

- Alle Mitspieler sollen sich gleichzeitig 10 Sekunden lang in dem kreisförmigen Feld aufhalten.
- Nachdem der Kreis wieder verlassen wurde, wird er verkleinert, indem ein Hula-Hoop-Reifen aus dem Ring entfernt wird und die restlichen wieder zusammengesteckt werden.
- Nun gehen alle wieder für 10 Sekunden in den etwas engeren Kreis. Danach wird der Kreisumfang erneut verkleinert, bis schließlich nur noch ein Hula-Hoop-Reifen (im Ursprungsmaß) übrig ist.
- Vor jeder Runde sollte die Gruppe ihre Strategie absprechen.

Variante:

Einige Mitspieler müssen Augenbinden anlegen (in jeder Runde andere!).

Einsatz auf der Ölbohrinsel

Strategie

Die Crew will zu ihrem Einsatz auf der Ölbohrinsel, doch der der Pilot des Transfer-Hubschraubers liegt mit Fieber im Bett ... So macht sich die Crew mit drei transportablen, verankerbaren Pfeilern und vier Holzstegen auf den Weg. Hier sind Konzentration, praktisches Geschick und Teamfähigkeit gefordert.

Ziele: eine gemeinsame Strategie entwickeln, Berührungsängste abbauen, sich aufeinander verlassen können, miteinander kommunizieren
Ort: draußen auf festem, waagrechtem Boden (z. B. Schulhof)
Dauer: mittel 20–30 min
Material: Kreide, 4 Gerüstholzbohlen (à 2,5 m Länge, 30 cm Breite und mindestens 45 mm Stärke), 3 stabile Ölfässer aus Metall (à 60 cm ∅ und 90 cm Höhe) oder Hohlblocks aus Beton (à 50 cm Länge, 36 cm Breite und 25 cm Höhe)

Vorbereitung:

Die Spielfläche wird durch eine Start- und eine Ziellinie im Abstand von ca. 10 Metern markiert. Vor der Startlinie liegt die „Küste" und an der Ziellinie beginnt die „Bohrinsel". Dazwischen liegt das „Meer".

Durchführung:

- Eine zehn- bis zwölfköpfige Gruppe soll mithilfe von drei Ölfässern und vier Holzbohlen von der „Küste" (Start) zur „Bohrinsel" (Ziel) gelangen. Die Ölfässer dienen dabei als Pfeiler, die Holzbohlen als Stege.
- Bevor die Aktion beginnt, überlegt die Gruppe, welche Risiken diese Übung in sich birgt und welche Sicherheitsmaßnahmen deshalb getroffen werden sollten.
- Da diese Übung nicht ganz ungefährlich ist, sollten unbedingt die folgenden **Regeln** und **Sicherheitsvorschriften** beachtet werden:
  1. Jede Aktion muss vorher mit allen Mitspielern abgesprochen werden.
  2. Auf den Holzbohlen zwischen zwei Ölfässern dürfen maximal 6 Mitspieler (mit höchstens 300 kg Gesamtgewicht) stehen.
  3. Es müssen immer zwei Holzbohlen übereinander gelegt werden.
  4. Die Mitspieler halten sich gegenseitig fest.
  5. Die Ölfässer dürfen nur hochkant stehen.
  6. Kein Mitspieler darf die „Wasseroberfläche" (den Boden) berühren.
  7. Holzbohlen, die das „Wasser" (den Boden) berühren, dürfen nicht betreten werden.

Variante:

Um die (Fall-)Höhe zu verringern, kann man Hohlblocks als Pfeiler benutzen.
Damit lässt sich die Aktion auch durch einen breiteren Bach mit geringer Wasserhöhe durchführen.

Hinweis:

Ölfässer bekommt man günstig bei Mineralöl- oder Chemiefirmen.

Feuersee

Strategie

Seit Tagen spuckt der Vulkan seine glühende Lava aus.
Ein kleines Dorf wird von den Lavaströmen umschlossen.
Den Bewohnern bleibt nur noch der Weg über den Feuersee.
Feuerfestes Material wird aufgetrieben und schon beginnt die Rettungsaktion ...

Ziele: ein gemeinsames Vorhaben planen und umsetzen, präzise zusammenarbeiten, miteinander kommunizieren
Ort: Turnhalle oder (Schul-)Hof
Dauer: mittel 20–30 min
Material: 10 Paar Arbeitshandschuhe, Seil (à 10 m Länge und 10 mm ∅) sowie ...
für drinnen: Turnhallenbank und 14 Holzgymnastikstäbe
für draußen: Bohle (à 4 m × 0,4 m und 3 cm Stärke) und 14 Rundhölzer (à 50 cm Länge und 8 cm ∅), Kreide

Durchführung:

- Die Gruppe muss den „Feuersee" (markiertes Feld von 9 m × 9 m bzw. halbes Volleyballfeld) überqueren.
- Dazu steht ihr als „feuerfestes" Material zur Verfügung – in der Turnhalle: eine Turnhallenbank und 14 Holzgymnastikstäbe; auf dem Schulhof: eine Bohle und 14 Rundhölzer
- Außerdem erhält die Gruppe ein „feuerfestes" Seil und zehn Paar Handschuhe, die nur bis zu einem gewissen Grad hitzebeständig sind und nicht die Oberfläche des „Feuersees" (den Boden) berühren dürfen.
- Für dieses Spiel gelten folgende **Regeln**:
  1. Bevor die Gruppe zur Tat schreitet, muss sie sich über ihr Vorgehen beraten.
  2. Die angegebenen Materialien, mit Ausnahme der Handschuhe, sind feuerfest und dürfen die Oberfläche des „Feuersees" (den Boden) berühren.
  3. Wenn ein Mitspieler die „Seeoberfläche" berührt, müssen alle, die sich nicht am rettenden Ufer befinden, zum Start zurück und von Neuem beginnen. Dazu dürfen sie ausnahmsweise den „Feuersee" betreten und die Materialien zum Start zurücktragen.
  4. Wenn alle am gegenüberliegenden Ufer angekommen sind, ist die Aufgabe gemeistert.

Hinweis: Achtung Verletzungsgefahr!

Die Mitspieler müssen beim Hinlegen der Rundhölzer aufpassen, dass sie sich nicht ihre Finger bzw. Hände klemmen. Wenn nämlich die Holzbohle über die Rundhölzer rollt und sich zeitgleich noch eine Hand unter einem Rundholz befindet, besteht akute Verletzungsgefahr!

Lösungsvariante:

Die Turnhallenbank (bzw. Bohle) kann als Floß, die Gymnastikstäbe (bzw. Rundhölzer) können als Rollen und Paddel benutzt werden.

Haifischbecken

Strategie

007 ist mal wieder in Aktion.
Eine beweiskräftige Datei wurde von der italienischen Mafia in einer wasserfesten Kugel im Haifischbecken des Mafiabosses gesichert.
Aber 007 kommt da schon ran ...

Ziele: ein Vorhaben planen, miteinander kommunizieren, präzise zusammenarbeiten
Ort: draußen
Dauer: kurz 15–20 min
Material: Tennisball, ein Plastikbecher (Boden muss ein wenig nach innen gewölbt sein), Tau (à 4 cm ∅ und 15 m Länge), 4 Seile (à 5 m Länge), 4 Schnürsenkel, ein Stofftaschentuch, 2 Gymnastikstäbe o. Ä., 7 zusammensteckbare Hula-Hoop-Reifen

Vorbereitung:

- In die Mitte eines Ringes, der aus den Teilen der sieben Hula-Hoop-Reifen zusammengesteckt wurde („Haifischbecken"), wird ein Tennisball als „wasserfeste Kugel" auf einen umgedrehten Plastikbecher gelegt.
- Die Mitspieler stehen außerhalb des „Beckens".
- Der Spielleiter stellt der Gruppe die zu Verfügung stehenden Materialien vor: ein dickes Tau, vier Seile, vier Schnürsenkel, ein Stofftaschentuch und zwei Gymnastikstäbe.

Durchführung:

- Die Gruppe muss die „Kugel" mit der „beweiskräftigen Datei" bergen, die sich auf einer Haltevorrichtung (Becher) im „Haifischbecken" befindet. Dafür hat sie 15 Minuten Zeit.
- Es gelten folgende **Regeln**:
  1. Das Haifischbecken darf nicht betreten werden.
  2. Die Gruppe muss sich zunächst beraten, wie sie die Aufgabe lösen will.
  3. Die Mitspieler dürfen nur die bereitgestellten Materialien benutzen.
  4. Die „Kugel" darf nicht ins Wasser fallen.

Hinweis:

Statt der Hula-Hoop-Reifen kann man auch eine große Gewebeplane oder ein Absperrband zur Eingrenzung des Beckens verwenden.

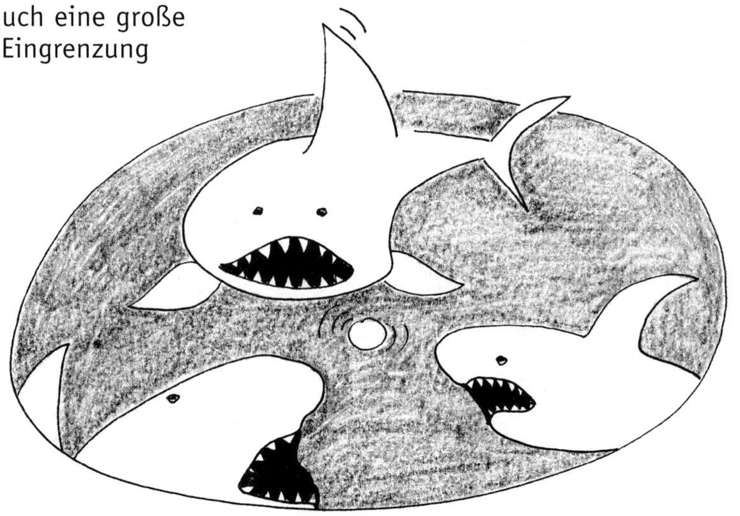

Rheinüberquerung

Strategie

Auf seinem Gallien-Feldzug kam Gaius Julius Cäsar im Jahre 55 v. Chr. mit seinen Truppen an den Rhein und wollte auch den rechtsrheinischen Germanenstämmen die römische Macht demonstrieren. Auf Befehl Cäsars bauten die römischen Legionäre in nur zehn Tagen eine Brücke aus Holz, die wenige Tage nach der Überquerung wieder abgerissen wurde, um dem Germanen keinen Weg über den Rhein zu hinterlassen ...

Ziele: eine gemeinsame Strategie absprechen und umsetzen, Hand in Hand zusammenarbeiten, Berührungsängste abbauen
Ort: Turnhalle oder (Schul-)Hof
Dauer: mittel 20–30 min
Material: 4 Turnbänke oder lange Bohlen als „Brücken"

Durchführung:

- Die Gruppe soll den „Rhein" (ein ca. 40 Meter breites Feld) trockenen Fußes überqueren, indem sie ihn „überbrückt". Als Hilfsmittel stehen vier Brücken (Bänke oder Bohlen) zur Verfügung.
- Zunächst berät die Gruppe, wie sie vorgehen möchte.
- Beim Spiel gelten folgende **Regeln**:

1. Berührt ein Mitspieler das Wasser, beginnt die gesamte Aktion noch mal von vorn.
2. Die Aufgabe ist gemeistert, wenn alle Gruppenmitglieder am anderen Ufer angelangt sind und alle „Brücken" an Land liegen.

Lösungsvariante:

Zunächst wird eine „Brücke" in den Rhein geschoben. Die gesamte Gruppe besteigt die Brücke und befördert die zweite Brücke als Anschluss an das Ende der ersten Brücke. Alle Mitspieler betreten nun die zweite Brücke und schieben die erste Brücke als Anschluss nach vorn usw.

Schiffbruch

Strategie

Schiffbrüchige retten sich auf eine kleine Insel. Doch die Flut steigt und die Insel wird immer kleiner ...
Ein kleiner Rest der Schiffbesatzung verharrt auf dem Schiff, das mit dem Kiel nach oben schwimmt.
Mit aller Kraft versuchen sie es zu wenden ...

Ziele:	ein gemeinsames Vorhaben absprechen und umsetzen, aufeinander achten, Berührungsängste abbauen
Ort:	drinnen oder draußen
Dauer:	kurz 15–20 min
Material:	Gewebeplane à 4 m × 5 m

Durchführung:

- Die Mitspieler haben die Aufgabe, sich als gesamte Gruppe mindestens 5 Sekunden lang auf eine Gewebeplane als „Insel" zu stellen oder setzen. Der Boden um die Plane herum ist das „Meer" und darf von den Mitspielern während dieser Phase nicht berührt werden (Der Spielleiter sagt: „Im Meer um die Insel herum wimmelt es von Haien.").
- Nach erfolgreicher Erledigung der Aufgabe wird die Plane (durch Falten) halbiert
- Nun versuchen die Mitspieler auf der halbierten Plane, Platz zu finden usw.
- In den folgenden Runden wird die Plane immer wieder halbiert, bis eine Lösung der Aufgabenstellung nicht mehr realisierbar ist.

Variante:

- Alle Mitspieler stellen sich auf die Plane und müssen die Plane umdrehen, d. h., die Unterseite muss komplett nach oben gedreht werden.
- Dabei dürfen sie die Plane nicht verlassen (Der Spielleiter sagt: „Euer Schiff schwimmt mit dem Kiel nach oben. Ihr müsst euer Schiff drehen, damit der Kiel wieder im Wasser und das Deck wieder oben ist. Denkt daran, dass ihr euer Schiff nicht verlassen dürft. Im Meer um euch herum wimmelt es von Haien.").

Sumpfüberquerung

Strategie

Gefährliche Krokodile schwimmen im Sumpfgebiet.
Doch die Safarifreunde aus Gelsenkirchen müssen mitten hindurch.
Zum Glück haben sie Flöße. Doch den Krokodilen ist nicht zu trauen,
schon bei dem kleinsten Fehler der Freunde könnten sie zuschnappen ...

Ziele: eine gemeinsame Strategie entwickeln und umsetzen, Berührungsängste abbauen, sich gegenseitig unterstützen und verständigen
Ort: Turnhalle, Flur, Sportplatz, Schulhof o. Ä.
Dauer: mittel 25–35 min
Material: pro Person ein Teppichstück (à 20 cm × 30 cm) als „Floß“

Durchführung:

- Die Gruppe soll trockenen Fußes einen „Sumpf“ (z. B. ein Volleyballfeld) überqueren.
- Dazu erhält jeder ein „Floß“.
- Das „Floß“ darf im „Sumpfgebiet“ nur von der Stelle bewegt werden, indem es mit den Händen aufgehoben und an eine andere Stelle gelegt wird.
- Berührt ein Mitspieler versehentlich den „Sumpf“ (Boden), muss er sein Floß abgeben und das eines benachbarten „Floßfahrers“ mitbenutzen.
- In dem Sumpf schwimmen „Krokodile“, die herrenlose Flöße stehlen (der Spielleiter entfernt herrenlose Teppichstücke).
- Solange ein Floß von einem Mitspieler in irgendeiner Weise berührt wird (z. B. mit einem Finger oder einem Zeh ...), darf es nicht entwendet werden.
- Die Aufgabe ist gemeistert, wenn alle aus der Gruppe am anderen Ufer angelangt sind.

Tempel-Inschrift

Strategie

Forscher haben auf einem zerstörten Bodenmosaik einer Grabkammer einzelne Wörter entdeckt. Es könnte sich dabei um die gleiche Inschrift handeln, wie sie in einem entfernten Tempel gefunden wurde ...

Ziele: ein gemeinsames Vorhaben absprechen und umsetzen, miteinander kommunizieren
Ort: auf dem Schulhof oder in der Turnhalle
Dauer: mittel 30–35 min
Material: 2 DIN-A4-Blätter mit einer „Tempel-Inschrift“ (siehe Vorschlag unten), ca. 20 DIN-A4-Blätter mit den einzelnen Wörtern, Stoppuhr, 7 Hula-Hoop-Reifen à ca. 5,5 m ∅ und 4 Pylonen (oder Kreide)

Vorbereitung:

- Der Spielleiter schreibt einen Text mit ca. 20 Wörtern auf ein Blatt Papier (siehe Beispiel für eine Tempel-Inschrift) und erstellt noch eine Kopie davon.

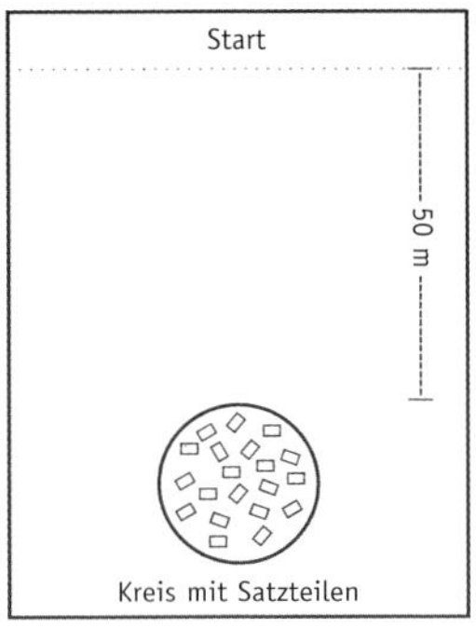

Beispiel für eine Tempel-Inschrift:

Antef | lebte | in | Ägypten, | dem | fruchtbaren | Land | am | Nil,
und | diente | seinem | König | ehrfürchtig. | Er | war | ein
berühmter | Schreiber | im | Dienst | des | Pharaos.

- Jedes Wort (ggf. mit dem anschließenden Satzzeichen dahinter) wird gut leserlich (mindestens in Schriftgröße 100) auf ein separates Blatt geschrieben oder gedruckt.
- Das Spielfeld wird aufgebaut (siehe Skizze): Eine Startlinie wird mit Pylonen (oder Kreide) markiert.
- Etwa 50 Meter vom Start entfernt werden die zerlegbaren Hula-Hoop-Reifen zu einem großen Ring zusammengesteckt, in dem die gemischten Wörter offen ausgelegt werden.

Durchführung:

- Im Startfeld erhält die Gruppe ein Textblatt (das andere dient dem Spielleiter zur Kontrolle!) und läuft damit zum Kreis mit den Wörtern bzw. Satzteilen.
- Dort müssen die Wörter in der richtigen Reihenfolge berührt werden.
- Um einen Durchgang abzuschließen, müssen alle wieder zum Startfeld zurück.
- Ziel des Spiels ist es, innerhalb von 25 Minuten die Zeit für einen Durchgang zu optimieren. Die Durchgangszeit beginnt, wenn der erste Mitspieler über die Startlinie läuft, und wird gestoppt, wenn nach absolvierter „Kreisaktion“ der letzte zur Startlinie zurückkehrt.
- Jeder Mitspieler muss pro Runde ein Mal am Kreis gewesen sein.
- Nach jedem Durchgang wird der Gruppe die Zeit mitgeteilt. Dabei werden für jeden Fehler (z. B. zwei oder mehr Personen halten sich gleichzeitig im Kreisfeld auf oder Reihenfolge der Wörter wird nicht eingehalten) 15 Sekunden zur Durchgangszeit hinzugerechnet.
- Die Gruppe darf sich zwischendurch immer wieder neu beraten, wie sie ihre Durchgangszeit noch verbessern könnte.

Variante:

Statt vorgegebener Sätze können auch Ziffernfolgen („Telefonnummern“) verwendet werden.

Almabtrieb

Vertrauen

Nach dem Sommer müssen die Kühe von der Alm ins Tal zurückgetrieben werden. Beim diesjährigen Almabtrieb herrschen wegen dichten Nebels schlechte Sichtverhältnisse ...

Ziele: sich verständigen, Vertrauen einüben, Verantwortung für andere übernehmen
Ort: draußen oder in einer Turnhalle
Dauer: kurz 15–20 min
Material: Pylonen (Seile oder natürliche Materialien als Markierung), Augenbinden

Vorbereitung:

Das „Tal“ (à 20 m × 40 m) wird abgesteckt (z. B. mithilfe von Pylonen, Seilen oder natürliche Materialien).

Durchführung:

- Zwei Mitspieler sind die „Kuhhirten“, die übrigen die „Kühe“. Die „Kühe“ legen Augenbinden an und werden vom Spielleiter auf der „Alm“ verteilt. Die „Kuhhirten“ stehen im „Tal“ und dürfen ihren Standort nicht verlassen.
- Die Kuhhirten lotsen die einzelnen Kühe durch Zurufen nach und nach vorsichtig ins Tal.

Varianten:

- Die Kuhhirten dürfen nicht reden. Um die Aufgabe unter den erschwerten Bedingungen bewältigen zu können, muss die Gruppe vorher ihr Vorgehen absprechen.
- Die Aktion muss innerhalb eines festgelegten Zeitlimits (z. B. von 10 Minuten) durchgeführt werden.

Baumklettern

Vertrauen

Ein Schiff ist auf einer einsamen, idyllischen Insel gestrandet. Nahrung zu finden, ist schwierig. Oben in den Bäumen gibt es zwar herrliche Früchte, aber die sind schwer zu erreichen. Da hat ein Seemann die Idee, Strickleiter und Seil einzusetzen. Jetzt wird die ganze Sache zum Kinderspiel – oder?

Ziele: einander vertrauen, sich persönlicher Grenzen bewusst werden und sie möglicherweise überwinden, Verantwortung übernehmen
Ort: bei einem hohen, stabilen Baum
Dauer: lang 90–180 min
Material: lange Strickleiter, eine Kletterausrüstung pro Person (Klettergurt, Helm, Schraubkarabiner, Abseilachter), Schraubkarabiner, Bandschlingen, Abseilhaken, 2 Kletterseile (à 30 m Länge)

Vorbereitung:

- Ein Gruppenleiter befestigt die Strickleiter und das doppelt gelegte Kletterseil zum Abseilen am Baum und das Sicherheitsseil entlang der Strickleiter an einer Umlenkung.
- Die Teilnehmer legen ihre Klettergurte und Helme an.
- Die Gruppenleiter überprüfen das sachgemäße Anlegen der Kletterausrüstung, teilen die Sicherheitsregeln mit und erklären das Vorgehen.

Durchführung:

- Der erste Teilnehmer wird mithilfe eines Schraubkarabiners am Sicherheitsseil (Achterknoten!) eingehängt.
- Zwei Meter entfernt hält ein anderer Teilnehmer (unterstützt durch eine weitere Person) das andere Ende des Sicherheitsseils, das in seinen Abseilachter eingelegt ist, und sichert den Kletterer beim Aufsteigen durch Nachziehen des Sicherheitsseils.
- Oben angekommen legt der Gruppenleiter das doppelt gelegte Kletterseil zum Abseilen in den Abseilachter des Teilnehmers.
- Erst wenn diese Sicherung angebracht wurde, darf er vom Sicherheitsseil gelöst werden, das er für den Aufstieg benötigt hat. Nun kann der Teilnehmer sich aus der Höhe abseilen. Auch hier stehen zwei Personen am unteren Ende des Kletterseils bereit, um ihn zu sichern, falls er die Kontrolle verliert.
- Erst wenn die Abseilaktion beendet ist, darf der Nächste den Baum besteigen.

Hinweise:

- Mindestens eine Begleitperson muss eine **Zusatzqualifikation im Bereich Bergsteigen/Klettern** haben!
- Aus Sicherheitsgründen sollte diese Übung von zwei Gruppenleitern angeleitet werden, da der eine die Sicherungstechniken oben auf dem Baum anbringt und der andere unten die Sicherungsteams überwacht.
- Jeder Teilnehmer entscheidet selbst, ob er auf den Baum klettern und sich abseilen will oder nicht.

Bergführer

Vertrauen

Ein Bergsteiger ist in einem Gebirge unterwegs, welches ihm gänzlich unbekannt ist. Plötzlich kommt dichtes Schneetreiben auf. Zum Glück hat er einen kundigen Begleiter an seiner Seite ...

Ziele: sich vertrauen und verständigen, Verantwortung für andere übernehmen
Ort: Turnhalle oder freies Gelände mit natürlichen Hindernissen
Dauer: kurz 10–20 min
Material: Augenbinden, diverse Hindernisse (z. B. Pylonen, Flaschen, Mausefallen bzw. natürliche Hindernisse)

Vorbereitung:

- Die Teilnehmer bilden einen großen Kreis, in dem sich verschiedene Hindernisse befinden.
- Nun bilden die Mitspieler Zweiergruppen aus einem „Blinden" (mit Augenbinde) und seinem Begleiter.

Durchführung:

- Der Begleiter lotst seinen „blinden" Partner durch den Parcours. Dazu fasst er ihn an den Schultern oder lotst ihn verbal durch den Parcours.
- Nach wenigen Minuten werden die Rollen getauscht.

Varianten:

- Der sehende Partner darf den Hindernisparcours nicht betreten und kann deshalb seinen Partner nicht begleiten, sondern lotst ihn von außen durch mündliche Instruktionen. Diese Variante sollte nur in einem überschaubaren Raum stattfinden, in dem die Verletzungsgefahr gering ist.
- Im Hindernisparcours liegen zusätzlich Gegenstände (z. B. Tennisbälle), die eingesammelt und beim Bergführer abgegeben werden müssen.

Blinder Transport

Vertrauen

Eine ätzende Flüssigkeit muss zu einem Labor gebracht werden.
Dies geht nur mit Sicherheitsabstand und Augenschutz ...

Ziele: Vertrauen einüben, präzise zusammenarbeiten, Verantwortung übernehmen
Ort: Turnhalle, Pausenhalle, Schulhof oder Wiese
Dauer. mittel 20–35 min
Material: ein stabiler Plastikbecher, Einweckgummi, je ein 5-m-Seil für 2 Teilnehmer, Augenbinden für alle Mitspieler, 4 Markierungskegel (Pylonen oder gefüllte Plastikflaschen), 2 Hula-Hoop-Reifen

Vorbereitung:

- Auf einem Feld à ca. 10 m × 20 m werden als Start- und Zielpunkt die Hula-Hoop-Reifen ausgelegt und die Markierungskegel für den Parcours aufgestellt (siehe Skizze).
- In die Mitte des Startkreises wird ein mit Wasser gefüllter Plastikbecher gestellt.
- Der Einweckgummi wird in der Mitte so gedreht, dass die Form einer 8 entsteht und dann doppelt gelegt. Dann werden die Seile daran rundum festgeknotet.
- Die Mitspieler positionieren sich am Startkreis und legen sich mit einer Ausnahme Augenbinden an.

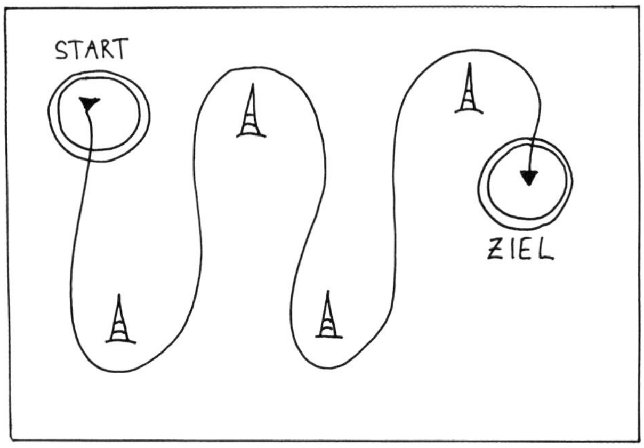

Durchführung:

- Der sehende Mitspieler hat die Aufgabe, sein blindes Team zu dirigieren.
- Er reicht jedem ein Seilende, sodass der Einweckgummi ein wenig gespannt wird.
- Aufgabe der Gruppe ist es, den Einweckgummi mit den Seilen so zu steuern, dass damit der Becher erfasst, angehoben, durch den Parcours transportiert und im Zielkreis sicher abgestellt werden kann.
- Dabei dürfen Start- und Zielkreis nicht betreten und kein Markierungskegel umgestoßen werden.

Fließband

Vertrauen

In einer Fabrik läuft die Produktion auf Hochtouren.
Die Werkstücke laufen über das Fließband ...

Ziele: sich aufeinander verlassen können, Berührungsängste abbauen
Ort: Turnhalle mit Turnmatten oder draußen auf weichem Untergrund
Dauer: mittel 20–35 min
Material: für die dritte Variante: ein Gymnastikstab pro Person, Teppichstück

Vorbereitung:

Alle Mitspieler legen kantige Gegenstände (z. B. Schmuck, dicke Gürtelschnallen etc.) ab.

Durchführung:

- Mindestens zehn Mitspieler stellen sich Schulter an Schulter (eng!) in zwei Reihen mit einem Abstand von 60 bis 80 cm gegenüber auf.
- Nun überkreuzen sie ihre Arme und erfassen die Hände ihres Gegenübers – fertig ist das Fließband. Sie stellen sich dabei stabil mit leicht federnden Knien auf, um Gelenkverletzungen zu vermeiden.
- Ein Mitspieler dient als Transportgut. Er legt sich vorsichtig mit dem Rücken auf das Fließband, wird von seinen Mitspielern langsam weitergerecht und am Ende des Fließbandes wieder vorsichtig auf die Füße gestellt.
- Dabei müssen folgende **Sicherheitsmaßnahmen** eingehalten werden:

1. Auf dem Fließband darf immer nur eine Person liegen.
2. Sie wird langsam und sanft weitergereicht und darf keinesfalls geworfen oder fallen gelassen werden.
3. Während der Aktion dürfen sich die Mitspieler nicht loslassen, sonst droht akute Verletzungsgefahr!
4. Unter dem Fließband befindet sich ein weicher Untergrund (Matten, Wiese, Waldboden).

Varianten:

- Alle Mitspieler legen sich dicht an dicht mit dem Bauch auf den Boden. An einem Ende setzt sich eine Person in Bewegung und rollt über ihre Mitspieler zum anderen Ende. Dort angekommen gibt sie ein Signal, dass der oder die Nächste starten kann.
- Die Mitspieler legen sich in zwei Reihen Schulter an Schulter auf den Rücken. Die beiden Reihen sind so angeordnet, dass die Köpfe nach innen ausgerichtet sind und sich fast berühren. Jeder hält nun seine Hände nach oben und ist Teil des Fließbandes. Ein Mitspieler legt sich mit dem Rücken auf die Hände der anderen und wird langsam und vorsichtig bis zum anderen Ende weitergereicht.
- Die Mitspieler knien sich Schulter an Schulter in zwei Reihen gegenüber hin (Abstand: 1 Meter). Die Reihen stehen versetzt zueinander (Reißverschlussverfahren). Jeder erhält einen Gymnastikstab und legt ihn im rechten Winkel zu den Reihen vor sich. Nun legt sich der Erste in der Reihe mit dem Rücken steif wie ein Brett auf die Gymnastikstäbe. Unter den Kopf kommt ein Teppichstück, damit die Haare nicht unter den Stäben eingerollt werden. Nun wird das „menschliche Transportgut" von den anderen über die Stäbe zum gegenüberliegenden Ende gerollt.

Holzbrücke

Vertrauen

Verwegene Abenteurer kommen auf eine Insel, auf der ein verborgener Schatz liegen soll. Sie schlagen sich durch das Dickicht, bis sie auf eine tiefe Schlucht stoßen ... Als Brücke hängen nur vermooste alte Baumstämme an verwitterten Seilen über der Tiefe. Wenn die Abenteurer den Schatz heben wollen, müssen sie es wagen, diese Brücke zu benutzen.

Ziele: einander vertrauen und unterstützen, Berührungsängste abbauen
Ort: in der Turnhalle oder auf einem breiten Flur
Dauer: mittel 20–35 min (1 min pro Person)
Material: je ein Rundholz (á 1 m Länge und 6–10 cm ∅) für 2 Teilnehmer

---

Durchführung:

- Alle bis auf einen Teilnehmer bilden eine Gasse und stellen sich Schulter an Schulter in zwei Reihen gegenüber auf, sodass die beiden Reihen einen Abstand von 60 bis 70 cm haben.
- Jeweils zwei Teilnehmer, die sich gegenüberstehen, halten gemeinsam ein Rundholz waagrecht auf Hüfthöhe.
- Alle sorgen dabei für einen stabilen Stand, in gerader Haltung (kein Hohlkreuz), mit leicht federnden Knien und versetzt stehenden Füßen, um Gelenk- und Rückenverletzungen zu vermeiden.
- Der übrige Teilnehmer steigt auf die so entstandene „Rundholzbrücke", stützt sich mit den Händen auf den Schultern der anderen als „Geländer" ab und geht langsam voran.
- Um den Aufstieg und den Abstieg zu erleichtern, werden die ersten und die letzten drei Rundhölzer wie Treppenstufen gehalten.
- Nach und nach darf jeder einmal die „Brücke" überqueren.

In der Schwebe

Vertrauen

Die schwebende Jungfrau – ein Zaubertrick, der schon in früheren Zeiten Menschen verblüffte. Den Traum, selber schweben zu können, kann man sich nun endlich erfüllen ...

Ziele: einander vertrauen und unterstützen
Ort: drinnen oder draußen auf weichem Boden
Dauer: mittel 15–20 min (1 min pro Teilnehmer)
Material: eine extra starke Verpackungskordel aus Naturfaser (à 50 m Länge) pro Team, Turnmatten (nur für drinnen)

Vorbereitung:

Die Gruppe wird in 8er- bis 12er-Teams eingeteilt.

Durchführung:

1. **Planungs- und Konstruktionsphase (10 min):** Jedes Team soll zusammen mit der Kordel eine Art Hängematte (ohne Knoten) bilden, auf der eine Person liegen kann. Zunächst sprechen sich die Teammitglieder ab, wie sie sich selbst und die Kordel dazu positionieren wollen.

2. **Durchführungsphase (pro Person 1 min):** Ein Teilnehmer legt sich auf die „Hängematte" und schließt die Augen – sofern er das möchte. Die anderen Teammitglieder heben ihn mithilfe der „Hängematte" aus der Verpackungskordel auf Hüfthöhe und schaukeln ihn vorsichtig hin und her oder tragen ihn sanft umher.
   Nach ca. einer Minute wird die getragene Person wieder achtsam auf dem Boden abgelegt. Dann ist die oder der Nächste an der Reihe.
   Zum Schluss muss die Kordel wieder knotenfrei aufgewickelt werden.

Lösungsvariante:

Die Teilnehmer stellen sich im Kreis auf und die Kordel wird von jedem Teilnehmer aus jeweils mehrfach zu drei bis vier verschiedenen – mehr oder weniger gegenüber stehenden – Teilnehmern geführt und straff gehalten, sodass ein sternförmiges Netz entsteht.

Variante (ohne Kordel):

- Ein Teilnehmer legt sich steif wie ein Brett auf den Boden (am besten auf weichen Wiesen- oder Waldboden bzw. auf Matten).
- Die anderen aus seiner Gruppe heben ihn von allen Seiten vorsichtig hoch (über die Höhe entscheidet der Getragene) und tragen ihn behutsam umher.
- Nach wenigen Minuten legen sie ihn wieder vorsichtig auf dem Boden ab und der Nächste ist an der Reihe.

Laserstrahlen

Vertrauen

Die Gefangenen von Askabar sind in einem Raum eingeschlossen, der von gefährlichen Laserstrahlen umzäunt wird, mit denen man nicht in Berührung kommen darf. In die Freiheit geht es aber nur durch diesen Laserzaun. Bevor die Kameraden mit der Befreiungsaktion beginnen können, beraten sie sich. Denn alle können vermutlich nur dann unverletzt aus der Gefangenschaft ausbrechen, wenn keine unüberlegten Einzelaktionen durchgeführt werden ...

Ziele: einander vertrauen, Berührungsängste abbauen, miteinander kommunizieren, ein Vorhaben planen und umsetzen
Ort: drinnen oder draußen
Dauer: mittel 20–30 min
Material: 3 Gummibänder á 4 m Länge, 2 bzw. 3 Pfosten (Bäume oder 2 × 2 bzw. 3 × 2 gestapelte Tische)

Vorbereitung:

Zwischen zwei Pfosten in ca. zwei Metern Abstand werden drei Gummibänder („Laserstrahlen") in unterschiedlicher Höhe (30 cm, 80 cm und 130 cm) gespannt.

Durchführung:

- Die Mitspieler stellen sich auf der einen Seite des „Laserstrahlen-Zauns" (dem „Gefangenenlager") auf und müssen durch ihn hindurch die Seiten wechseln („ausbrechen"). Ein Drittel der Mitspieler soll die niedrigen Laserstrahlen, ein Drittel die mittleren und ein Drittel die hohen Laserstrahlen übersteigen.
- Folgende **Regeln und Sicherheitsvorschriften** müssen dabei beachtet werden:
  1. Die Gummibänder („Laserstrahlen") dürfen nicht berührt werden, andernfalls muss der vermeintliche „Ausbrecher" wieder zurück auf die andere Seite ins „Gefangenenlager" und muss dann versuchen, über einen noch höheren „Laserstrahl" zu gelangen (z. B. statt über das Gummiband in einer Höhe von 30 cm über das in 80 cm Höhe).
  2. Niemand darf mit Anlauf über die Gummibänder springen (Verletzungsgefahr!).
  3. Eine Person darf, wenn sie waagrecht über ein Gummiband gehoben wird, nur mit dem Gesicht nach unten transportiert werden, damit sie sich, wenn sie unglücklicher Weise zu Boden fallen sollte, mit den Händen abfangen könnte.
  4. Jeder muss nach seinem Transport wieder vorsichtig auf dem Boden abgesetzt werden.
  5. Die Strategie und auch jede Einzelaktion müssen vorher in der Gruppe abgesprochen werden, um undurchdachte und waghalsige Aktionen zu vermeiden.
  6. Erkennt die Gruppe, dass sie eine falsche Strategie angewandt hat, darf sie auf eigenen Wunsch nochmal ganz von vorn beginnen.

Variante:

- Drei Pfosten (oder 3 × 2 gestapelte Tische) werden so in einer Dreiecksform angeordnet, dass alle Mitspieler dazwischen Platz finden.
- Nun wird das Gummiband um die drei Pfosten gebunden und auf eine Höhe von einem Meter geschoben, sodass die Gruppe „im Laserfeld" eingeschlossen ist.
- Jeder Mitspieler muss nun vorsichtig herauskrabbeln oder herausgehoben werden.

Menschenteppich

Vertrauen

Die gesamte Dienerschaft des Kalifen Ysufani hat ein rauschendes Fest gefeiert. Zu später Stunde liegen nun alle schnarchend im Festsaal. Das ist die Chance für die Gefangenen, die seit Jahren ein tristes Dasein fristen. Vorsichtig wagen sie sich durch den unbeleuchteten Festsaal – über die Schlafenden hinweg – in die Freiheit. Hoffentlich wacht keiner auf. Zum Glück gibt es Verbündete im Saal ...

Ziele: einander vertrauen, sich verständigen, aufeinander Rücksicht nehmen
Ort: in der Turnhalle oder auf einer Wiese
Dauer: kurz 10–20 min
Material: eine Augenbinde pro Person, Decken oder dünne Turnmatten

Vorbereitung:

Die Mitspieler werden in zwei Gruppen geteilt: die „Ausbrecher“ und die „Schlafenden“.

Durchführung:

- Die „Schlafenden“ legen sich mit ihrem Rücken auf den Boden (bzw. auf Decken oder Turnmatten) und breiten Arme und Beine aus. Dabei halten Sie einen Abstand von etwa zwei Metern voneinander.
- Die „Ausbrecher“ bilden einen Kreis um die „Schlafenden“, legen Augenbinden an und marschieren vorsichtig und langsam über diesen Menschenteppich auf die gegenüberliegende Seite, möglichst ohne jemanden zu berühren.
- Die „Schlafenden“, liegen mit offenen Augen da und weisen – auch in ihrem eigenen Interesse – den „Ausbrechern“ den Weg.
- Sind alle auf der gegenüberliegenden Seite angekommen, werden die Rollen getauscht.

Rettung aus Seenot

Vertrauen

Nach einem Schiffbruch treibt die Besatzung bei dichtem Nebel mitten im offenen Meer. Doch Rettung naht ...

Ziele: Vertrauen einüben, miteinander kommunizieren
Ort: Spielfeld á 30 m × 30 m auf einer Wiese
Dauer: kurz 15–20 min
Material: 5 Seile à 15 m Länge, 5 zusammensteckbare Hula-Hoop-Reifen, hohle Schwimmnudeln (oder PE-Rohrdämmung), 4 Pylonen, eine Augenbinde pro Person

Vorbereitung:

- Jeder Hula-Hoop-Reifen wird, um Verletzungen zu verhindern, mit einer hohlen Schwimmnudel (oder PE-Rohrdämmung) ummantelt und anschließend mit einem Seil verknotet.
- Mit den Pylonen wird ein Feld (à 30 m × 30 m) abgesteckt.

Durchführung:

- Die Gruppe teilt sich auf: Ein Mitspieler wird zum „Retter" bestimmt, alle anderen verteilen sich als „Schiffbrüchige" im abgesteckten Feld (mit mindestens 5 Metern Abstand zum Rand). Sie legen Augenbinden an und halten ihre Arme schützend vors Gesicht.
- Der Retter versucht vom Rand aus einen „Rettungsring" (Hula-Hoop-Reifen) über einen Schiffbrüchigen zu werfen. Wenn es ihm gelungen ist, ergreift der Schiffbrüchige den Ring und wird vorsichtig „an Land" gezogen. Dabei kann der Retter ihn mit mündlichen Anweisungen zusätzlich unterstützen.
- Der Gerettete legt die Augenbinde ab und hilft mit, die übrigen Schiffbrüchigen zu retten.
- Wurden alle Mitspieler an Land gezogen, ist das Spiel beendet.

Variante (mit höherem Schwierigkeitsgrad):

Der Schiffbrüchige darf bei der Rettungsaktion den Ring nicht mit den Händen ergreifen, sondern muss ihn liegen lassen, aber sich trotzdem innerhalb des Ringes fortbewegen. Dazu gibt ihm der Retter genaue Instruktionen, während er den Ring langsam „an Land" zieht.

Ruhende Raupe

Eine Raupe legt sich nach einem anstrengenden Tag schlafen ...

Ziele: sich gegenseitig vertrauen und aufeinander verlassen, Berührungsängste abbauen
Ort: drinnen
Dauer: kurz 5–10 min
Material: ein Stuhl pro Teilnehmer, Stoppuhr

Durchführung:

- Zunächst wird ein großer Stuhlkreis gebildet. Die Teilnehmer setzen sich im Uhrzeigersinn auf ihre Stühle, sodass die Füße (in paralleler Position) links neben dem jeweiligen Stuhl stehen.
- Jeder legt sich nun mit Rücken und Kopf auf die Oberschenkel seines Hintermannes.
- Dann zieht der Spielleiter die Stühle zügig unter den Liegenden weg und siehe da, die Gruppe „trägt sich selbst".
- Ziel ist es, so lange wie möglich in dieser Position zu verharren. Die Zeit, bis die „Raupe" zusammenbricht, wird gemessen, so kann man die Haltbarkeitsdauer aus verschiedenen Spielrunden miteinander vergleichen.
- Nach einer kurzen Auswertungsphase, in der die Teilnehmer darüber beraten, wie sich die Raupe noch länger halten könnte, kann ein erneuter Versuch gestartet werden.

Hinweis:

Es sollte darauf geachtet werden, dass die Gewichtsunterschiede der Sitznachbarn nicht zu groß sind.

Schildträger

Vertrauen

In Kleinbonum sind neue römische Legionäre eingetroffen. Im Heimatdorf von Asterix und Obelix herrscht große Vorfreude, denn es steht bald eine Auseinandersetzung mit den Römern an. Aus diesem Anlass wird Majestix, der Häuptling der Gallier, schon mal auf dem Schild aus dem Dorf getragen, um mit seinen Galliern Stellung zu beziehen.

Ziele: einander vertrauen, präzise zusammenarbeiten
Ort: draußen oder drinnen (z. B. in der Turnhalle)
Dauer: kurz 15–20 min
Material: Schild, ein Seil pro Person

Vorbereitung:

Herstellung des „Schilds“:

1. Eine Siebdruck-Multiplexplatte (à 80 cm × 80 cm und 24 mm Stärke) mit einer Stichsäge zu einer Kreisplatte (à 40 cm Radius) oder zu einem Quadrat (à 80 cm × 80 cm) zuschneiden.
2. Umlaufend (Abstand vom Rand: 4 cm) 30 Löcher (à 10 mm ∅) gleichmäßig verteilt bohren und mithilfe eines Senkers entgraten. An diesen Löchern werden später die Seile befestigt.
3. Um die Seile bei der Berührung des Bodens zu schonen, kann man an der glatten Unterseite der Kreisplatte am Rand gleichmäßig verteilt 8 Stuhlgleiter aus Metall befestigen.

Tipp: Zum **Sägen eines Kreises** einen Nagel in die Mitte der Multiplexplatte schlagen. In eine Schnur zwei Schlaufen knoten, wobei der Abstand zwischen den beiden Enden der Schlaufen dem Radius des Kreises (40 cm) entspricht. Die eine Schlaufe um den Nagel legen, in die zweite Schlaufe einen Bleistift stecken und nun auf Zug einen Kreis um den Nagel zeichnen. Anschließend vorsichtig den gezeichneten Kreis mit einer Stichsäge aussägen.

Auf den Boden wird der Schild gelegt (raue Seite nach oben). Die Seile werden an den Randlöchern gleichmäßig verteilt befestigt. Jede Person hält ein Doppelseil in der Hand.

Durchführung:

- Ein Teilnehmer stellt sich als „Häuptling“ auf den Schild und nimmt einen sicheren Stand ein.
- Auf Kommando heben die Schildträger die Seile an.
- Dann transportieren sie den Häuptling auf dem ca. 10 bis 20 cm über dem Boden „schwebenden“ Schild über eine festgelegte Strecke von etwa 10 Metern Länge.
- Danach ist der nächste „Häuptling“ an der Reihe.

Seilschaft

Auf einer Klettertour muss eine Seilschaft gemeinsam eine Felskante überwinden ...

Ziele: sich aufeinander einlassen und gegenseitig unterstützen, Berührungsängste abbauen
Ort: drinnen oder draußen
Dauer: kurz 10–15 min
Material: Gummiband à 5 m Länge, 2 oder 3 Spanngurte, 2 Stühle

Vorbereitung:

- Zwischen zwei Stühlen wird das Gummiband (als „Felskante") in einer Höhe von 50 cm befestigt.
- Zwei oder drei Spanngurte – je nach Gruppengröße – werden zu einem langen Spanngurt verbunden.

Durchführung:

- Die Mitspieler stellen sich eng zusammen.
- Der Spielleiter legt den Spanngurt auf Hüfthöhe um die Gruppe und zieht ihn „fest".
- Diese „Seilschaft" soll nun über „die Felskante" (das Gummiband) steigen.
- Das Gummiband darf dabei nicht berührt werden, sonst muss die „Seilschaft" wieder zurück und von vorn beginnen.

Hinweis:

Statt der Spanngurte kann auch ein dickes Tau verwendet werden.
Ein dünnes Seil sollte dagegen keinesfalls eingesetzt werden, da dieses in die Haut einschneiden und die Teilnehmer verletzen könnte.

Spinnennetz

Vertrauen

***Indiana Jones und seine Begleiter stehen vor der Schatzkammer des Pharaos.
Nur noch ein riesiges Spinnennetz trennt sie vom begehrten goldenen Zepter.
Sie haben keine andere Wahl; sie müssen hindurch.
Aber vorsichtig, sonst schnappt die Mörderspinne zu ...***

Ziele: gemeinsame Strategien entwickeln, Berührungsängste abbauen, einander vertrauen
Ort: in Turnhalle, im Wald oder auf der Wiese (auf weichem Untergrund)
Dauer: mittel 30–45 min
Material: Spinnennetz (siehe Bauanleitung), 4 Spanngurte oder Seile à 2 bis 3 m Länge, Wäscheklammern

Vorbereitung:

Herstellung des Spinnennetzes:

1. Aus einem dickeren Seil (à 13 m Länge und 6 mm ∅) wird ein (annähernd) rechteckiger Rahmen (à 2,5 m Höhe und 4 m Breite) gelegt und an den Enden verknotet.
2. Die Innenfläche wird nun durch das dünne Seil (à 30 m Länge und 3 mm ∅) in verschieden große Felder unterteilt.
3. Die Seile werden an den Berührungspunkten miteinander verknotet.

Hinweis: Das Spiel ist in ähnlicher Ausführung unter dem Namen „Easy Spider" bei der Firma METALOG training tools erwerbbar.

- Das Spinnennetz wird mit Spanngurten oder Seilen zwischen zwei Bäumen (Pfeilern oder Säulen) über weichem Untergrund (z. B. Waldboden, Wiese, Matten) aufgehängt.
- Das Spinnennetz muss mehr Maschen enthalten, als Mitspieler vorhanden sind (andernfalls Maschen kennzeichnen, die zweimal benutzt werden dürfen).

Durchführung:

- Die Mitspieler stehen hinterm Spinnennetz und haben die Aufgabe, durch seine Maschen hindurch auf die andere Seite („zum goldenen Zepter") zu gelangen.
- Während der Durchführungsphase gelten folgende **Regeln** und **Sicherheitsvorschriften**:
  1. Jede Masche darf nur ein Mal als Durchstieg bzw. Durchreiche benutzt werden. Danach wird sie mit einer Klammer als geschlossen markiert.
  2. Das Spinnnetz darf dabei nicht berührt werden. Sonst muss der betreffende Mitspieler wieder zurück hinters Netz und die Masche, die er erfolglos ausprobiert hat, wird geschlossen.
  3. Niemand darf durch eine Masche geworfen werden oder mit Anlauf hindurchspringen.
  4. Ein Mitspieler kann dagegen vorsichtig durch eine Masche gehoben und danach wieder sanft auf der Erde abgesetzt werden. Dabei muss er so gehalten werden, dass er in Richtung Boden guckt, damit er sich, sollte er unverhofft stürzen, mit den Händen abfangen kann.
  5. Sowohl die Strategie als auch alle Einzelaktionen müssen vorher in der Gruppe abgesprochen werden, um unbedachte und waghalsige Aktionen zu vermeiden.
  6. Erkennt die Gruppe, dass sie eine falsche Strategie angewandt hat, darf sie auf eigenen Wunsch nochmal ganz von vorn beginnen und alle Maschen werden wieder freigegeben.

Vertrauensfall

Der Sheriff von Nottingham hält einen Gefolgsmann von Robin Hood gefangen. Robin und seine Kumpanen machen sich auf, um ihn zu befreien. Als sie zur Burg kommen, hat er sich schon selbst aus der Zelle befreit und steht auf der Burgmauer. Hinter ihm stehen die Soldaten des Sheriffs. Es gibt nur eine Möglichkeit: Den Sprung in die Freiheit. Der Gruppe um Robin Hood bleibt nur, ihn so gut wie möglich aufzufangen ...

Ziele: Verantwortung übernehmen, sich vertrauen und unterstützen
Ort: drinnen oder draußen
Dauer: mittel 20–30 min
Material: Tisch, eine Augenbinde (nur für die Variante)

Vorbereitung:

Alle Mitspieler müssen zunächst scharfe und kantige Gegenstände (wie Uhren, größere Ohrringe, dicke Gürtelschnallen etc.) ablegen.

Durchführung:

- Die Mitspieler (mindestens zehn) stellen sich Schulter an Schulter in zwei Reihen (mit 60 bis 80 cm Abstand) gegenüber auf.
- Ihre Arme ordnen sie, ohne sich an den Händen zufassen, wie bei einem Reißverschluss an. Um Gelenkverletzungen zu vermeiden, stellen sie sich stabil und mit leicht federnden Knien auf.
- Ein Mitspieler steht auf einem stabilen Tisch und lässt sich dann vorwärts in gestreckter Haltung (!) in die Arme der Fänger fallen.
- Dabei wird das folgende **Ritual** eingehalten:
  1. Der Mitspieler, der sich fallen lässt, streckt zuvor seine Arme nach oben, um die Fänger nicht zu verletzen, und fragt die anderen: „Seid ihr bereit?“
  2. Wenn die Fänger bereit sind, antworten sie: „Ja. Wir sind bereit!“
  3. Dann ruft er: „Ich falle!“, und lässt sich fallen.

Varianten (mit höherem Schwierigkeitsgrad):

- Der Fallende verschränkt zuvor seine Hände vor der Brust und lässt sich rückwärts auf die Arme der Fänger fallen.
- Der Fallende legt zuvor eine Augenbinde an.

Sicherheitshinweis:

Achtung! Dieses Spiel kann, wenn die Regeln nicht eingehalten werden, sehr gefährlich werden. Deshalb sollte man es nur dann durchführen, wenn das Verhältnis der Mitspieler intakt ist. Auch darf niemand bei diesem Spiel zur Teilnahme gezwungen werden! Die kräftigsten Mitspieler und der Spielleiter sollten dort stehen, wo das Hinterteil des Fallenden landet.

Zusammenbruch

Vertrauen

In der Disco herrscht dichtes Gedränge. Der Sauerstoff wird knapp, die Bässe donnern ... Einige sind so überanstrengt, dass sie mitten auf der Tanzfläche zusammenbrechen – Kreislaufkollaps. Wie gut, dass andere sie auffangen!

Ziele: einander vertrauen, Berührungsängste abbauen
Ort: drinnen
Dauer: kurz 5–10 min
Material: Musik-CD, CD-Player

Durchführung:

- Die Mitspieler bilden einen Kreis, zählen sich immer von eins bis sechs ab und merken sich ihre Zahl.
- Der Spielleiter stellt Musik an und die Mitspieler bewegen sich dazu im Raum.
- Immer wenn der Spielleiter die Musik ausschaltet, ruft er eine Zahl zwischen eins und sechs.
- Diejenigen Mitspieler, deren Zahl aufgerufen wurde, schreien laut auf und fallen anschließend langsam zu Boden, als fielen sich plötzlich in Ohnmacht.
- Andere, die neben ihnen stehen, reagieren blitzschnell und fangen sie im Fallen auf.
- Danach wird die Musik erneut angestellt und alle bewegen sich wieder im Raum usw.

Ausgeguckt

Wahrnehmung

Die Ritter der Tafelrunde wollen einmütig einen aus ihren Reihen auswählen, der das nächste Spektakulum in seiner Grafschaft ausrichten soll. Der Ehrenkodex sieht vor, dass keine Absprachen oder Intrigen erlaubt sind ...

Ziele: einander wahrnehmen, sich konzentrieren
Ort: Stuhl- oder Stehkreis
Dauer: kurz 5–10 min
Material: –

Durchführung:

- Die Gruppe bildet einen Stuhl- oder Stehkreis, sodass sich alle sehen können.
- Die Mitspieler schließen die Augen.
- Auf Kommando des Spielleiters (nach etwa 5 Sekunden) öffnen sie die Augen und zeigen jeweils mit dem Zeigefinger auf eine Person.
- Dann schließen alle wieder die Augen usw.
- Das Spielziel ist erreicht, wenn es nach mehreren Durchgängen gelingt, dass jeder mit dem Zeigefinger auf ein und dieselbe Person zeigt, ohne dass man sich darüber verbal oder durch Zeichen verständigt hat.

Gratwanderung

Wahrnehmung

Als Model auf dem Laufsteg unterwegs zu sein, will gelernt sein. Zunächst stehen ein paar Sortierübungen an. Hier gilt es, in intellektueller Hinsicht verschiedene Ordnungsprinzipien blitzschnell umzusetzen und gleichzeitig nicht vom Laufsteg zu purzeln ...

Ziele: einander wahrnehmen, kennenlernen und einschätzen, Berührungsängste abbauen, sich koordiniert bewegen, aufeinander Rücksicht nehmen
Ort: drinnen oder draußen
Dauer: kurz 10–20 min
Material: mindestens 5 rutschfeste Klick-Korklaminat-Platten (à 80 cm × 20 cm), langer Balken, Baumstamm oder Turnhallenbank à 4 m Länge; für Variante: Seil oder mehrere Stühle

Vorbereitung:

Im Raum werden die Korklaminat-Platten nebeneinander auf den Boden gelegt und miteinander durch die Klick-Technik verbunden, sodass man einen mindestens 4 Meter langen „Laufsteg" erhält.

Durchführung:

- Alle Mitspieler („Models") stellen sich auf den Laufsteg und erhalten anschließend die Aufgabe, sich nach einem bestimmten Kriterium (s. u.) zu ordnen, ohne dabei den Laufsteg zu verlassen.
- Die Models müssen sich dabei so aneinander „vorbeihangeln", dass keines mit dem Boden neben dem Laufsteg in Berührung kommt.
- Andernfalls erfolgt für die gesamte Gruppe eine Sanktion, die vor Beginn des Spiels miteinander vereinbart wurde (z. B. alle müssen fünf Liegestützen durchführen).
- Das Spiel erfolgt in mehreren Runden:

  1. Runde: Die Models sollen sich in Bezug auf ihre Nachnamen in alphabetischer Reihenfolge aufstellen (A ganz links bis Z ganz rechts).
  2. Runde: Sortierung nach Alter (das jüngste Model ganz links, das älteste ganz rechts).
  3. Runde: Sortierung nach Anfangsbuchstaben der Vornamen (A ganz links bis Z ganz rechts).

- Ordnungskriterien für weitere Runden sind: Schuhgröße, Körpergröße, Entfernung des Veranstaltungsortes zum Wohnort in Kilometern usw.

Variante:

Anstelle der Klick-Korklaminat-Platten kann man auch Turnhallenbänke, einen langen Balken, einen Baumstamm, ein Seil oder auch mehrere nebeneinander aufgestellte Stühle verwenden.

Rückenzeichnung

Wahrnehmung

Ein Spion hat eine äußerst brisante Nachricht für den Geheimdienst in seinem Heimatland. Da sie topsecret ist, kann er sie nicht auf dem üblichen Weg nach Hause schicken. Über Mittelsmänner wird die Nachricht verschlüsselt und ohne dabei zu sprechen von Person zu Person weitergegeben ...

Ziele: auf den anderen achten, Impulse wahrnehmen, sich aufeinander einlassen
Ort: drinnen oder draußen in Sitz- oder Stuhlreihe
Dauer: mittel 20–30 min
Material: 2 Moderationsmarker, 2 DIN-A4-Blätter pro Runde

Vorbereitung:

Die Mitspieler setzen sich so hintereinander auf Boden oder Hocker (bei Stühlen Rückenlehne nach vorne ausrichten), dass sie mit ihren Fingern jeweils die ganze Rückenfläche von Vordermann bzw. -frau erreichen. Die Mitspieler an den beiden Enden der Reihe erhalten jeweils ein Blatt Papier und einen Moderationsmarker.

Durchführung:

- Der Mitspieler am hinteren Ende der Reihe malt zunächst als „Absender" eine einfache Zeichnung auf ein Blatt Papier, ohne dass die anderen diese sehen, und gibt sie zur Verwahrung an den Spielleiter weiter.
- Anschließend „zeichnet" er das Bild mit einem Finger auf den Rücken seines Vordermannes.
- Dieser gibt die „Zeichnung" ohne Rückfrage (nur eine Wiederholung des Zeichnens kann erbeten werden!) auf dem Rücken seines Vordermannes wieder, bis die Zeichnung beim „Empfänger" (beim Mitspieler ganz vorne) angekommen ist.
- Der „Empfänger" überträgt das, was ihm auf den Rücken gezeichnet wurde, mit dem Marker auf das zweite Blatt Papier.
- Die Zeichnungen von Absender und Empfänger werden miteinander verglichen. Zum Erstaunen der Mitspieler werden die beiden Zeichnungen in der Regel stark voneinander abweichen.
- In weiteren Runden, in denen die Zeichner stets ausgetauscht werden sollten, können die Mitspieler versuchen, ihre Zeichenbotschaft immer präziser zum Empfänger weiterzuleiten.

Hinweis:

Große Gruppen sollten besser geteilt werden, um die Durchgänge kurzweiliger zu gestalten.

Suchaktion

Wahrnehmung

Außerirdische haben auf einem Waldgebiet diverse Gegenstände herumliegen lassen. Diese müssen von einem Expertenteam genau inspiziert werden ...

Ziele:	genau untersuchen, sich konzentrieren, das visuelle Gedächtnis trainieren, aufeinander Rücksicht nehmen, einander helfen
Ort:	Spielfeld (à ca. 30 m × 30 m) im lichten Wald oder auf einer Wiese
Dauer:	mittel 20–25 min
Material:	diverse Gegenstände (2 pro Mitspieler), Absperrband (oder Seile) à ca. 120 m, 1 Pfeife, 1 Augenbinde pro Person

Vorbereitung:

- Das Spielfeld (à ca. 30 m × 30 m) wird mit dem Absperrband eingegrenzt. Dazu wird das Band auf einer Höhe von 1 Meter an Bäumen, Stühlen oder Pfosten befestigt.
- Die Gegenstände werden auf dem Feld ungeordnet ausgelegt.

Durchführung:

Die verstreuten Gegenstände sollen von der Gruppe gefunden und komplett abgeräumt werden. Jeder Mitspieler soll dabei genau zwei Gegenstände beim Spielleiter abgeben und benennen können.

Phase 1:
- Die Mitspieler haben 10 Minuten Zeit, sich die Gegenstände und deren Verortung auf dem Feld visuell einzuprägen und sich eine gemeinsame Strategie über ihr Vorgehen auszudenken. Dazu stehen sie außerhalb des Feldes hinter dem Absperrband.
- Abschließend sollen sie sich darüber verständigen, innerhalb von welchem Zeitraum sie die Aufgabe bewältigen wollen, und ihr Zeitlimit dem Spielleiter mitteilen.

Phase 2:
- Jeder Teilnehmer stellt sich an einen beliebigen Platz am Absperrband (zunächst noch außerhalb des Spielfeldes) und legt eine Augenbinde an.
- Nach dem Startpfiff des Spielleiters betreten die Teilnehmer das Spielfeld und beginnen mit der Suche: Jeder muss genau zwei Fundstücke bei der Spielleitung abgeben und benennen können.
- Der Spielleiter verbleibt außerhalb des Spielfeldes an seinem Platz am Absperrband und pfeift alle 30 Sekunden, damit die Mitspieler sich besser orientierten können.
- Wer bereits seine zwei Fundstücke abgegeben hat, kann die anderen Mitspieler von außen als Sehender (ohne Augenbinde) über verbale Anweisungen unterstützen.
- Das Spiel ist beendet, wenn das Feld komplett geräumt ist oder wenn die Zeit abgelaufen ist.

Hinweis:

Der Spielleiter achtet im Vorfeld darauf, dass jegliche Verletzungsgefahr (z. B. durch spitze Äste, scharfkantige Steine oder Felsen) nahezu ausgeschlossen ist.

Bazzeball

Wettkampf

Die Amerikaner spielen Baseball, wir Bazzeball …

Ziele: als Mannschaft ein gemeinsames Ziel erreichen, sich gegenseitig motivieren und unterstützen, andere wahrnehmen und sich konzentrieren
Ort: Spielfeld à 20 m × 40 m auf Wiese, Sportplatz oder in einer Sporthalle
Dauer: mittel 30–45 min
Material: 11 Hula-Hoop-Reifen, 1 Baseball-Schläger (bzw. Stock oder Rundholz à 3–4 cm ∅ und 50 cm Länge), Tennisball, Stoppuhr (nur für die Variante)

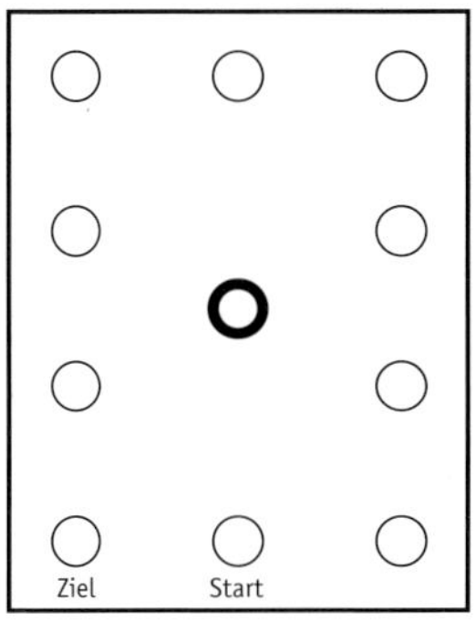

Vorbereitung:

- Das Spielfeld wird vorbereitet. Dazu wird ein Hula-Hoop-Reifen in die Mitte gelegt und die anderen in gleichmäßigen Abständen am Rand des Spielfelds verteilt (siehe Skizze).
- Zwei gleich große Mannschaften werden gebildet. Zunächst wird ausgelost, welche Mannschaft zuerst das Schlagrecht besitzt. Die Mitspieler dieser Mannschaft stellen sich hintereinander am Start auf, die anderen verteilen sich auf dem Spielfeld.

Durchführung:

- Der erste Spieler mit Schlagrecht betritt das Startfeld und versucht, mithilfe des Baseballschlägers den Tennisball ins Innenfeld zu schlagen (nicht hinter sich!). Gelingt ihm das nicht beim ersten Mal, hat er noch zwei weitere Versuche. Trifft er den Ball auch beim dritten Versuch nicht, scheidet er aus dem Spiel aus und der nächste Spieler seiner Mannschaft ist mit Schlagen an der Reihe.
- Gelingt ein Schlag dagegen und der Ball landet im Innenfeld, lässt der Spieler den Baseballschläger im Startfeld fallen und durchläuft den äußeren Hula-Hoop-Parcours entgegen dem Uhrzeigersinn in Richtung Ziel.
- Die gegnerische Mannschaft versucht so schnell wie möglich, den Tennisball unter Kontrolle zu bekommen und ihn in den Hula-Hoop-Reifen in der Mitte (in der Skizze fett markiert!) zu werfen. Auch wenn der Ball den Hula-Hoop-Reifen nur berührt und er dann wieder wegspringt, gilt er als gesichert. Berührt der Spieler, der den Ball geschlagen hat, zu diesem Zeitpunkt einen Hula-Hoop-Reifen, ist er in „Sicherheit" und kann dort verbleiben, andernfalls scheidet er aus dem Spiel aus.
- Nun ist der nächste Spieler der gleichen Mannschaft mit seinem Schlag an der Reihe usw.
- Nach einem korrekten Schlag laufen jeweils derjenige, der den Ball geschlagen hat, und diejenigen Mitspieler, die sich bereits im Parcours befinden, von ihrer jeweiligen Position aus weiter durch den Parcours.
- Für jeden Mitspieler, der, bevor der Ball seitens der Gegenmannschaft gesichert wurde, ans Ziel gelangt, erhält die Mannschaft einen Punkt. Für einen Mitspieler, der die ganze Runde mit einem Mal durchläuft, erhält sie zwei Punkte.
- Waren alle Mitspieler ein Mal mit Schlagen an der Reihe, hat die gegnerische Mannschaft Schlagrecht und versucht, die Punktevorgabe zu überbieten.
- Sollten die beiden Mannschaften noch motiviert sein, gibt es eine Revanche.

Variante:

Das Spiel kann auch auf Zeit gespielt werden.

Buchstabensalat

Wettkampf

Archäologen haben in einem alten Tempel Tonscherben mit Buchstaben entdeckt. Gespannt versuchen sie aus den Buchstaben sinnvolle Wörter zusammenzusetzen ...

Ziele: sich verständigen, sich auf eine Lösung einigen
Ort: im Klassen- oder Gruppenraum
Dauer: kurz 10–15 min
Material: pro Team 3 × 26 Buchstabenkarten von A bis Z à DIN A6 (für jedes Team auf andersfarbigem Papier)

Vorbereitung:

Der Spielleiter bereitet Buchstabenkarten vor. Dazu wird auf jede Karte ein Buchstabe mit seinem Wert geschrieben (wie im Beispiel rechts). Für den häufigeren Gebrauch lohnt es sich, die Karten zu laminieren.

X
4

Werte der einzelnen Buchstaben:

A: 1, **B:** 2, **C:** 3, **D:** 2, **E:** 1, **F:** 2, **G:** 2, **H:** 2, **I:** 1, **J:** 3, **K:** 3, **L:** 2, **M:** 3, **N:** 2, **O:** 1, **P:** 3, **Q:** 4, **R:** 2, **S:** 2, **T:** 2, **U:** 1, **V:** 3, **W:** 3, **X:** 4, **Y:** 4, **Z:** 3.

Durchführung:

- Die Teilnehmer werden in zwei oder drei Teams (mit bis zu zehn Personen) aufgeteilt.
- Jedes Team erhält die gleiche Auswahl an Buchstaben-Karten seiner Farbe und muss daraus innerhalb von einer Minute ein Wort mit einem möglichst hohen Gesamtpunktwert kreieren.
- Nach Ablauf der Zeit stellt sich jedes Team in einer Reihe auf und hält die verwendeten Buchstaben als Lösungswort in die Höhe.
- Die Werte der einzelnen Buchstaben des Wortes werden addiert und dem jeweiligen Team als Punkte gutgeschrieben.
- In der nächsten Runde bekommen die Teams eine neue Auswahl an Buchstaben und suchen wieder ein möglichst „hochwertiges" Wort.
- Das Team, welches nach zehn Runden die meisten Punkten erreicht hat, hat gewonnen.

Variante:

Das Team, das zuerst 100 Punkte erzielt hat, ist Sieger.

Frisbee-Match

Wettkampf

Fliegende Teller – nicht im Restaurant, sondern auf dem Spielfeld ...

Ziele: als Mannschaft ein gemeinsames Ziel erreichen, präzise zusammenarbeiten
Ort: Spielfeld à 10 m × 20 m in Turnhalle, auf (Schul-)Hof oder Wiese
Dauer: mittel 25–35 min
Material: Frisbeescheibe, 2 Tische als Tore, 4 Markierungskegel, Pfeife

Vorbereitung:

Das Spielfeld wird mit den Markierungskegeln eingegrenzt. Als Tore werden die beiden Tische aufgestellt.

Durchführung:

- Zwei Mannschaften treten gegeneinander an. Jede Mannschaft wählt aus ihren Reihen einen Torwart aus.
- Ziel des Spiels ist es, die Frisbeescheibe ins gegnerische Tor zu werfen. Dazu wird die Scheibe innerhalb des Teams hin- und hergeworfen.
- Dabei gelten folgende **Regeln**:

1. Wer die Scheibe in der Hand hat, darf sich nicht vorwärts bewegen. Nur der Sternschritt (ein Fuß bleibt an seinem Platz, vgl. Basketball) ist erlaubt.
2. Man darf seinen Gegner nicht berühren. Bei Verstoß wird dem gegnerischen Team ein Freiwurf zugesprochen, der aus einer Distanz von drei Metern vor dem Tor ausgeführt wird.
3. Berührt die Scheibe den Boden, wird an dieser Stelle ein Freiwurf von der gegnerischen Mannschaft ausgeführt.
4. Bei einem Freiwurf muss die gegnerische Mannschaft einen Abstand von einem Meter zum Freiwurfpunkt einhalten.
5. Vor dem Tor besteht eine Sicherheitszone von zwei Metern, in der keine Freiwürfe ausgeführt werden dürfen. Freiwürfe erfolgen in einem Mindestabstand von zwei Metern vor dem Tor.
6. Fliegt die Scheibe ins Aus, gibt es einen Einwurf von der gegnerischen Mannschaft.
7. Im Tor darf nur der Torwart agieren.

- Entweder spielt man in einem festgelegten Zeitlimit oder bis zu einer festgelegten Punktzahl.

Kanonenschläge

Wettkampf

***Zwei Fürstentümer liegen miteinander im Clinch.
Ihre Ritter versuchen die Burg des jeweils anderen Fürsten
mit Kanonenschüssen zu stürmen.***

Ziele: als Team ein Vorhaben gemeinsam planen und durchführen, sich absprechen, faires Verhalten einüben

Ort: im lichten Wald oder auf einer Wiese

Dauer: lang 45–90 min

Material: Je 500 rote und blaue Klebepunkte à ca. 2 cm ∅, 4 zusammensteckbare Hula-Hoop-Reifen

---

Vorbereitung:

Jeweils zwei zusammengesteckte Hula-Hoop-Reifen symbolisieren die Begrenzungen zweier 50 bis 100 Meter voneinander entfernt stehenden „Burgen".

Durchführung:

- Vor Beginn des Spiels werden die Teilnehmer in zwei Gruppen eingeteilt. Jede Gruppe begibt sich in ihre „Burg". In der einen Burg liegen rote, in der anderen blaue Klebepunkte als „Kanonen" aus.
- Jede Gruppe hat die **Aufgabe**, innerhalb eines festgelegten Zeitrahmens (von z. B. 45 Minuten) die gegnerische Burg mit so vielen Kanonenschlägen (Klebepunkten) wie möglich zu treffen.
- Dazu klebt sich jeder „Ritter" einen Klebepunkt in Brusthöhe sichtbar auf die Kleidung und versucht mit seiner „Kanone", die gegnerische Burg zu erreichen. Sollte er dabei (vorm Betreten der gegnerischen Burg) von einem Gegner mit der Hand abgeschlagen werden, muss er seinen Klebepunkt („Kanone") abgeben und zu seiner Burg zurückkehren, um sich dort einen neuen zu holen. Die abgegebenen Klebepunkte werden aus dem Spiel genommen und „entsorgt".
- Konnte der „Ritter" dagegen die gegnerische Burg ungehindert stürmen, wird der Klebepunkt auf ein dort ausliegendes Blatt geklebt und er kehrt zu seiner Burg zurück, um sich einen neuen Klebepunkt zu holen und einen weiteren „Angriff" zu starten.
- Im Laufe des Spiels werden die „Ritter" merken, dass sie nur mit einer gemeinsamen Strategie erfolgreich sein können.
- Die Gruppe, die am Ende die meisten „Treffer" erzielt, hat gewonnen.

Stadtrallye

Wettkampf

Einmal richtig auf Exkursion in einer Stadt oder einem Dorf gehen. Überall gibt es noch so viel zu entdecken ... Nach dieser Rallye ist man ein ganzes Stück schlauer und kennt sich im Ort (noch) besser aus.

Ziele: ein gemeinsames Vorhaben planen und umsetzen, ein gemeinsames Ziel erreichen
Ort: draußen
Dauer: lang 80–90 min
Material: pro Team: mit durchnummerierten Punkten präparierter Stadtplan, Aufgabenblätter mit ca. 40 Aufgaben und Fragen (Deckblatt, siehe S. 128), Stift, Uhr

Vorbereitung:

- Die Teilnehmer werden in Teams zu ca. drei bis fünf Personen eingeteilt.
- Jedes Team erhält einen Stadtplan, auf dem verschiedene Gebäude, Plätze, Gebiete etc. mit Nummern versehen wurden, und Aufgabenblätter (siehe Vorlage für das Deckblatt), auf denen zu diesen nummerierten Punkten Aufgaben bzw. Fragen zusammengestellt wurden, z. B.:
  1. Wie viel kostet eine Dose Fanta bei der Bäckerei?
  2. Wie viele Fahnenmasten stehen auf dem Markplatz?
  3. Bringt eine Kastanie, eine Eichel und eine Buchecker aus dem Stadtpark mit!

Durchführung:

- Jedes Team hat die Aufgabe, innerhalb eines festgelegten Zeitraums (von z. B. 90 Minuten) so viele der gestellten Aufgaben und Fragen wie möglich zu erledigen bzw. zu beantworten. Da mehr Aufgaben aufgeführt werden, als in der festgelegten Zeit zu erledigen sind, muss jedes Team zuvor planen, welche Orte es in welcher Reihenfolge anlaufen will.
- Wenn die Teams zum festgelegten Zeitpunkt wieder im Gruppen- oder Klassenraum erscheinen, können sie die Lösungen und Antworten in ihren Aufgabenblättern gemeinsam besprechen und auswerten. Für jede erledigte Aufgabe bzw. richtige Antwort gibt es einen Punkt. Pro Verspätungsminute wird ein Punkt abgezogen.

– Deckblatt –

Stadtrallye

Kommunikation

- Sucht in der Stadt die Punkte auf, die auf der Karte eingezeichnet sind, und erledigt die zugehörige Aufgabe bzw. beantwortet die zugehörige Frage.
- Überlegt vorher, welche Orte ihr anlaufen wollt, da ihr in der zur Verfügung stehenden Zeit nur einen Teil der Aufgaben erledigen könnt.
- Beachtet die Verkehrsregeln und benutzt Ampeln und Zebrastreifen!
- Bleibt als Kleingruppe zusammen und seid zum festgelegten Zeitpunkt wieder im Gruppen- bzw. Klassenraum.

Namen der Gruppenmitglieder:

1. ....
2. ....
3. ....
4. ....
5. ....

Aufgaben und Fragen:

1. **Frage:** ____________________
   Antwort: ____________________

2. **Frage:** ____________________
   Antwort: ____________________

3. **Frage:** ____________________
   Antwort: ____________________

4. **Frage:** ____________________
   Antwort: ____________________

5. **Frage:** ____________________
   Antwort: ____________________

6. **Frage:** ____________________
   Antwort: ____________________

7. **Frage:** ____________________
   Antwort: ____________________

8. **Frage:** ____________________
   Antwort: ____________________

9. **Frage:** ____________________
   Antwort: ____________________

10. **Frage:** ____________________
    Antwort: ____________________

Verschwörung

Wettkampf

Adlige planen eine Verschwörung, um die Herrschaft über das Königreich an sich zu reißen. Dazu muss eine konkurrierende Gruppe ausgelöscht und anschließend der König selbst gestürzt werden. Ein riskantes Unterfangen mit offenem Ausgang ...

Ziele: als Mannschaft ein gemeinsames Ziel erreichen
Ort: Spielfläche à 10 m Länge und 5 m Breite auf einer Wiese oder in einer Turnhalle
Dauer: lang 10–20 min pro Match
Material: 9 Pylonen (einer davon besonders gekennzeichnet), 4 Tennisbälle

Vorbereitung:

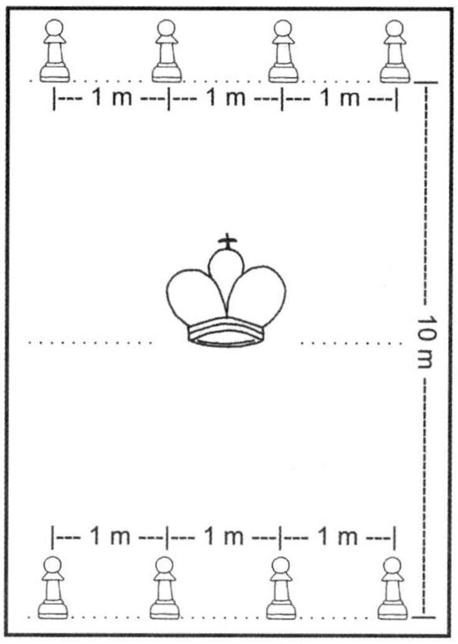

- Auf einem Spielfeld werden jeweils vier Bauern (Pylonen) auf beide Grundlinien gestellt. Die Grundlinien sollten dabei einen Abstand von etwa zehn Metern haben (siehe Abbildung).
- In die Mitte des Spielfeldes zwischen die beiden Bauern-Reihen wird der König (ein besonders gekennzeichneter Pylon) gestellt.
- Die Gruppe wird in 4er-Teams eingeteilt.
- Jeweils zwei Teams spielen als Mannschaften gegeneinander.

Durchführung:

- **Ziel des Spiels:** Jede Mannschaft versucht zunächst die vier Bauern des Gegners umzuwerfen, um anschließend den König stürzen zu können.
- Die Mannschaft mit dem jüngsten Gesamtalter darf als Team A beginnen und erhält die vier Tennisbälle.
- Jedes Mannschaftsmitglied versucht nun mit einem Tennisball, einen der Bauern des Gegners umzuwerfen.
- Sind ein oder mehrere Bauern umgefallen, werden sie von der anderen Mannschaft (Team B) in die gegnerische Hälfte des Spielfeldes geworfen und genau dort aufgestellt. Wird ein Bauer auch beim zweiten Versuch nicht über die Mittelinie geworfen, wird er aus dem Spiel genommen.
- Danach hat Team B Wurfrecht und darf seine vier Tennisbälle auf die gegnerischen Bauern auf der Grundlinie werfen.
- Fallen ein oder mehrere Bauern, werden sie, wie zuvor für die andere Mannschaft geschildert, in die gegnerische Hälfte geworfen.
- In der nächsten Runde muss Team A mit seinen vier Tennisbällen zunächst die gegnerischen Bauern in der eigenen Spielhälfte umwerfen, bevor es die gegnerischen Bauern auf der Grundlinie umwerfen darf (usw.).
- Sind alle Bauern abgeräumt, darf der Angriff auf den König geblasen werden. Fällt dieser, ist das Spiel entschieden.
- Wird der König vorher aus Versehen – also ohne Berechtigung – umgeworfen, hat die verursachende Mannschaft das Spiel verloren.

Variante (für draußen):

An Stelle der Pylonen und Tennisbälle können Holzquader (20 cm × 8 cm × 8 cm) und Stöcke (Länge: 20 cm; Durchmesser: ca. 3 bis 5 cm) verwendet werden.

Wasserbombenvolleyball

Wettkampf

Volleyball einmal anders – feucht und fröhlich ...

Ziele: als Mannschaft ein gemeinsames Ziel erreichen, präzise zusammenarbeiten, das Gruppenklima verbessern
Ort: auf einer Wiese
Dauer: mittel 30–40 min (ca. 10 min pro Match)
Material: Federballnetz, 6 Pylonen, 6 robuste Gewebesäcke (alternativ: 6 Handtücher), pro Spiel 5 Wasserbomben

Vorbereitung:

Zunächst werden genügend Wasserbomben mit Wasser befüllt. Auf einer Wiese wird ein Volleyballfeld (à 18 m × 9 m) mit Pylonen eingerichtet, das durch ein Netz in zwei gleich große Hälften (à 9 m × 9 m) geteilt wird. Die Gruppe wird in Vierer- oder Sechser-Mannschaften eingeteilt.

Durchführung:

- Die Mannschaften begeben sich in ihre Spielhälften und bilden interne Tandems. Die beiden Partner eines Tandems bekommen jeweils einen Gewebesack. Sie stellen sich in einem Abstand von ca. einem Meter gegenüber auf und halten mit ihren Händen dessen Enden fest. So können sie damit sowohl Wasserbomben in die Luft schleudern als auch fangen.
- Für das Spiel gelten folgende **Regeln**:
  1. Die Wasserbombe darf nur mit einem Sack (bzw. Handtuch) geschleudert und aufgefangen werden.
  2. Wer den ersten Aufschlag von der Grundlinie hat, entscheidet das Los. Im weiteren Spielverlauf werden die Aufschläge jeweils von derjenigen Mannschaft ausgeführt, die zuletzt einen Punktverlust hatte.
  3. Die Wasserbombe muss zunächst jeweils mindestens ein Mal innerhalb der eigenen Mannschaft weitergespielt werden, bevor sie in das gegnerische Feld geschleudert werden darf.
  4. Ein Tandem, das gerade eine Wasserbombe fängt und wieder hochschleudert, darf sich innerhalb dieses Zeitraums nicht von der Stelle bewegen. Ansonsten dürfen sich die Tandems frei auf dem Feld bewegen.
  5. Bezüglich der Fehlerregelung gelten die Volleyballregeln.

Wertung:

- Eine Wasserbombe fällt auf dem gegnerischen Feld zu Boden, ohne zu zerplatzen: **1 Punkt.**
- Die Wasserbombe geht auf dem gegnerischen Feld kaputt (auch am Körper oder Netz): **2 Punkte.**
- Diejenige Mannschaft, welche zuerst **6 Punkte** erspielt hat, hat das Match gewonnen.

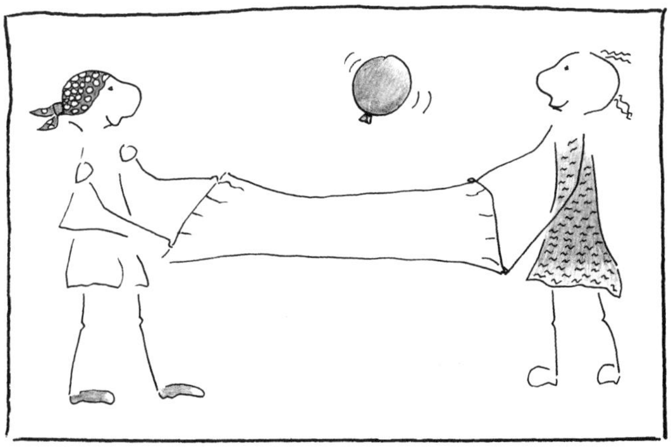

Hinweis:

- Robuste Gewebesäcke erhält man kostengünstig bei landwirtschaftlichen Betrieben.
- Statt der Wasserbomben kann man auch einen Volleyball einsetzen, wobei der Spaßfaktor dann erheblich geringer ausfällt.

Literatur und Internetadressen

Benner, Tilo: Cool bleiben statt zuschlagen! Bausteine zur Gewaltprävention. 5.–8. Klasse, Buxtehude [6]2009.

Benner, Tilo: Cool bleiben statt zuschlagen! Bausteine zur Ausbildung von Schülermediatoren. 8.–10. Klasse, Buxtehude 2008.

Beermann, Susanne/Schubach, Monika: Spiele für Seminare und Workshops 1: Eisbrecher [www.ratschlag24.com/index.php/freebook/690].

Beermann, Susanne/Schubach, Monika: Spiele für Seminare und Workshops 2: Teambildung und Gruppendynamik [www.ratschlag24.com/index.php/freebook/691].

Beermann, Susanne/Schubach, Monika: Spiele für Seminare und Workshops 3: Kreativität und Entspannung [www.ratschlag24.com/index.php/freebook/692].

Bleher, Thomas: SpieleWiki des CVJM München [www.spiele.j-crew.de].

Bohlken, Ulrich: Ullis Materialbörse. Materialsammlung für die christliche Jugendarbeit [www.materialboerse.ejo.de].

Bräutigam, Dorothea/Schatz, Herbert: Locker bleiben [www.locker-bleiben-online.de].

Burg, Dani: querdurch: Erlebnispädagogik in Schule und Freizeit, Luzern [2]2007.

Clutterbuck, Peter: Klasse(n)klima Schritt für Schritt. Ein Praxisbuch für die Grundschule, Horneburg 2003.

Deutsche Bibelgesellschaft (Hg.): Gute Nachricht Bibel [www.die-bibel.de].

Dewald, Wilfried/Häußler, Christian: On-line, Spiele und Abenteuer mit dem Seil, Augsburg [2]2007.

Fachstelle Gewaltprävention: Konfliktfähigkeit in Ausbildung und Beruf. Bausteine für Seminare mit SchülerInnen und Auszubildenden. Konflikte verstehen. Kommunikation verbessern. Mediation üben. Mit Gewalt umgehen, Freiburg 2005.

Flemming, Irene/Fritz, Jürgen/Kaminski, Winfred/Müller, Martina: Jede Menge Spielideen. 680 Gruppenspiele für Jugendarbeit und Schule, Mainz 1997.

Friedrichs, Dirk/Herweg, Gert/Rademacher, Helmolt (Hg.): PiT-Hessen. Prävention im Team – ein hessisches Gewaltpräventionsprogramm mit Teambildung von Schule, Polizei und Jugendhilfe, Frankfurt [3]2005.

Gilsdorf, Rüdiger/Kistner, Günter: Kooperative Abenteuerspiele 1. Praxishilfe für die Schule, Jugendarbeit und Erwachsenenbildung [Edition: Gruppe und Spiel], Seelze-Velber [14]2005.

Gilsdorf, Rüdiger/Kistner, Günter: Kooperative Abenteuerspiele 2. Praxishilfe für die Schule, Jugendarbeit und Erwachsenenbildung [Edition: Gruppe und Spiel], Seelze-Velber [4]2004.

Gilsdorf, Rüdiger/Volkert Kathi (Hg.): Abenteuer Schule, Augsburg [2]2004.

Green, Norm: Team Builders: Getting Students Ready to Work Together [www.learn-line.nrw.de]

Hessisches Kultusministerium (Hg.): Förderung von Lernkompetenzen und Schlüsselqualifikationen. Methoden-Bausteine für den Unterricht. Sekundarstufe I, Wiesbaden 2004.

Hirling, Hans: 2000 Spiele für die Gruppenstunde, Party oder Ferienlager [www.praxis-jugendarbeit.de].

Kamin, Volker: Teamspiele. Herausfordernde Teamspiele mit Erlebnischarakter, Kassel 2001.

Karl-Schubert-Werkstätten und Wohngemeinschaften e.V. [www.ksw-ev.de].

Kirchhoff, Joy/Oppermann, Sven: Spiele für viele [www.spielefuerviele.de].

Klippert, Heinz: Teamentwicklung im Klassenraum. Übungsbausteine für den Unterricht, Weinheim und Basel [8]2009.

König, Stefan: Warming-up in Seminar und Training. Übungen und Projekte zur Unterstützung von Lernprozessen, Weinheim und Basel 2002.

Kraus, Lydia/Schwiersch, Martin: Die Sprache der Berge: Handbuch der alpinen Erlebnispädagogik, Augsburg [2]2005.

Lehner, Patrik: Abenteuer- und Erlebnisspiele: In Schule und Freizeit, Luzern 2003.

Metalog trainings tools [www.metalog.de].

Meyer, Jens: Spielereader der Ev. Jugend Emsland-Bentheim [www.spielereader.de].

Münch, Andrea/Groh, Jens: Methodenhandbuch zum Training sozialer Kompetenzen und Umgang mit Konflikt, Gewalt und Rassismus in der Jugendbildungsarbeit, hg. v. Kinder- und Jugendförderung des Odenwaldkreises, Erbach [2]2006.

Portmann, Rosemarie: Spiele, die stark machen, München [2]2001.

Portmann, Rosemarie: Spiele zum Umgang mit Aggressionen, München [6]2001.

Portmann, Rosemarie/Schneider, Elisabeth: Spiele zur Entspannung & Konzentration, München [13]2000.

Puchelt, Jan: Spiele-Datenbank [www.spieledatenbank.de].

Püschel, Helmut: Angry young man. Konfliktlösungs- und Streitschlichtungsprogramm für Schulen, hg. v. Deutsches Rotes Kreuz, Nottuln 2000.

Püschel, Helmut: Still angry. Arbeitshilfe zum Streitschlichtungs-Programm für Schulen, hg. v. Deutsches Rotes Kreuz, Nottuln o.J.

Reiners, Annette: Praktische Erlebnispädagogik 1: Bewährte Sammlung motivierender Interaktionsspiele – Band 1, Augsburg [8]2007.

Reiners, Annette: Praktische Erlebnispädagogik 2: Neue Sammlung handlungsorientierter Übungen für Seminar und Training – Band 2, Augsburg [2]2007.

Reuter, Johannes: Fundus. Ein Material- und Informationsdienst für die kirchliche Jugendarbeit [www.fundus-jungendarbeit.de].

Rhode, Rudi/Meis, Sabine: Aggression und Gewalt. Weiterbildung für Lehrerinnen und Lehrer, Wuppertal o.J.

Senninger, Tom: Abenteuer leiten, in Abenteuern lernen: Methodenset zur Planung und Leitung kooperativer Lerngemeinschaften für Training und Teamentwicklung in Schule, Jugendarbeit und Betrieb, Münster [4]2000.

Senninger, Tom: Das Abenteuerprojekt: Interaktionspädagogik und kooperative Abenteuerspiele. Forum für Erlebnispädagogik [www.abenteuerprojekt.de].

Stadt Brühl (Hg.): Auf dem Weg ins freundliche Klassenzimmer „Streiten ist cool", Brühl 1999.

Verein Spielbörse: Spielbörse. Wir haben Ideen für die Jungschar [www.spielboerse.ch].

Walker, Jamie: Gewaltfreier Umgang mit Konflikten in der Sekundarstufe I. Konflikte und Lösungen, Berlin [8]2004.

Wilms, Heiner/Willms, Ellen: Erwachsen werden. Life-Skills-Programm für Schülerinnen und Schüler der Sekundarstufe I. Handbuch für Lehrerinnen und Lehrer, Wiesbaden [2]2000.

Spiele und Übungen von A–Z